Die Professoren des Instituts für Geographie der Justus-Liebig-Universität (Hrsg.)
Gießener Geographische Manuskripte, Band 8

Sascha Haffer, Carina Peter (Hrsg.)

Herausforderungen in der Geographiedidaktik

Neue Medien, Kompetenzen, Leitbilder, Realbegegnungen

Shaker Verlag
Aachen 2014

Gießener Geographische Manuskripte

Die Professoren des Instituts für Geographie
der Justus-Liebig-Universität Gießen (Hrsg.)

Band 8

Sascha Haffer, Carina Peter (Hrsg.)

Herausforderungen in der Geographiedidaktik

Neue Medien, Kompetenzen, Leitbilder, Realbegegnungen

Shaker Verlag
Aachen 2014

Bibliografische Information der Deutschen Nationalbibliothek
Die Deutsche Nationalbibliothek verzeichnet diese Publikation in der Deutschen
Nationalbibliografie; detaillierte bibliografische Daten sind im Internet über
http://dnb.d-nb.de abrufbar.

ISBN 978-3-8440-2736-5
ISSN 2190-5282

Shaker Verlag GmbH • Postfach 101818 • 52018 Aachen
Telefon: 02407 / 95 96 - 0 • Telefax: 02407 / 95 96 - 9
Internet: www.shaker.de • E-Mail: info@shaker.de

Vorwort

Der Deutsche Geographentag 2013 in Passau stand unter dem Motto „Verantworten – Herausforderungen für die Geographie". Auch die Geographiedidaktik nimmt sich der Herausforderung an Antworten zu finden, um der Verantwortung für eine zukunftsweisende Forschung und Unterrichtspraxis gerecht zu werden. In diesem Band der Gießener Geographischen Manuskripte werden didaktische Beiträge aufgezeigt, die hierzu vielfältige Ansichten, Blickwinkel und Perspektiven eröffnen.

Ansichten stellen in diesem Zusammenhang Auffassungen, Meinungen und Stereotype dar, die sich sowohl auf Unterricht, Inhalte wie auch auf Methoden beziehen. Hier gilt es, die zum Teil wertenden Überzeugungen als solche wahrzunehmen und scheinbar bewährte Handlungsstrukturen kritisch zu reflektieren. Dieser Prozess erfordert eine Öffnung gegenüber neuen Standpunkten, um die bekannten Muster aus verschiedenen Blickwinkeln zu betrachten. Auf diese Weise kann eine Neubewertung erfolgen. Zu den zahlreichen Herausforderungen gehört auch, Antworten zu finden auf Fragen nach zukunftsweisenden geographiedidaktischen Perspektiven.

In den vorliegenden Beiträgen finden neben Forschungsstudien auch unterrichtspraktische Ansätze Berücksichtigung, die zumeist übergreifend den Themenkomplexen Außerschulische Lernorte, GIS, dem Leitbild der Nachhaltigkeit sowie der Kompetenzentwicklung zugeordnet werden. Der erste Artikel von Johann-Bernhard Haversath richtet einen kritischen Blick auf Stereotype. Rumänien und Moldawien werden aus neuen Blickwinkeln beleuchtet, um Vorurteile abzubauen und neue Ansichten zu initiieren.

Im Sinne der Öffnung von Unterricht bezieht Benjamin Heynoldt den Realraum mit ein und verlässt in seiner qualitativen Vergleichsstudie den Lernort Schule. Hierdurch eröffnet er gleichsam das Spannungsfeld zwischen traditionellen Gestaltungsprinzipien und der Übertragung in neue Unterrichtsformen. Marten Lößner zeigt am Praxisbeispiel ökologische Landwirtschaft vielseitige Chancen, aber auch Einschränkungen bei der Entwicklung geographischer Methodenkompetenz. Die Geographie als Schnittstelle zwischen Gesellschafts- und Naturwissenschaften verfügt über ein vielseitiges Methodenrepertoire. In der Normierungs- und Interventionsstudie von Carina Peter wird aus dem Kompetenzbereich Erkenntnisgewinnung die naturwissenschaftliche Methode des Experimentierens empirisch analysiert.

Der Kompetenzbereich Räumliche Orientierung erhält in der Geographie einen besonderen Stellenwert. Dabei kommt den Geoinformationssystemen (GIS) eine wachsende Bedeutung zu. Angela Hof zeigt diesbezüglich Schlüsselkompetenzen raumbezogenen Denkens auf und verdeutlicht die Bereicherung durch softwaregestützte Medien. Thomas Schiller und Stefanie Zecha demonstrieren in einem Best-Practice-Beispiel didaktische Möglichkeiten zur Umsetzung dieser digitalen Medien. Dass die Kompetenzförderung durch neue Medien nicht nur auf Lernende weiterführender Schulformen beschränkt ist, zeigt Stefan Brauckmann in seinem Beitrag. Die Darstellung verschiedener Umsetzungsbeispiele im Bereich der Primarstufe durch die Verwendung von GIS und GPS fördert zugleich die Raumwahrnehmung am Beispiel der Nahregion.

Neben der weitreichenden Methodenförderung, die vor allem im Zuge der PISA-Erhebungen verstärkt den Weg in Forschung und Praxis fand, wird in der Geographiedidaktik außerdem dem Leitbild einer nachhaltigen Entwicklung sowie der Umweltbildung entsprochen. In einem zweiten Beitrag schlagen Stefanie Zecha und Thomas Schiller eine Brücke zwischen dem neuen Medium GPS und der Umweltbildung. Sascha Haffer, Kerstin Kremer und Sandra Sprenger konzentrieren sich im Rahmen der Bildung für nachhaltige Entwicklung auf das wenig bekannte, zugleich aber sehr brisante Thema des virtuellen Wassers. Dabei berücksichtigen sie einen interdisziplinären Zugang bei der Förderung der Bewertungskompetenz im Museumskontext.

Sascha Haffer, Carina Peter

Inhalt

Johann-Bernhard Haversath
Vergessen und verdrängt
Rumänien und Moldawien im Abseits

Geographiedidaktiker wissen es schon seit 2000: Das geographische Interesse von Schülerinnen und Schülern an den Ländern des ehemaligen Ostblocks ist gering (HEMMER 2000). Daran hat sich auch nach weiteren Jahren nichts geändert (HEMMER, HEMMER 2010). Was ist in einer solchen Situation zu tun? Sollen wir den Interessen der Schüler nachgeben und alle Themen, Räume und Arbeitsweisen, die nicht gewünscht werden, ausklammern? Weil das Interesse jedoch nur ein mögliches Auswahlkriterium für geographische Inhalte ist, wäre dieser Weg vorschnell und falsch. Folgt man den Standards und Kompetenzen (DGFG 2007ff.), dann erscheint es ganz und gar unangemessen, ausschließlich den Schülerinteressen zu folgen. Die Quintessenz der vorliegenden Interessenstudien zielt in eine ganz andere Richtung: Es ist eine besonders gründliche Unterrichtsvorbereitung nötig, wenn Themen aus wenig interessierenden Regionen für den Unterricht ausgewählt werden.

Gründe für regionales Vergessen und Verdrängen
Bereits 2003 formulierte SCHLIMME pointiert: Unbekanntes Rumänien – Führt Unkenntnis zur Ablehnung? Seither sind über 10 Jahre vergangen, ohne dass sich eine Änderung eingestellt hätte. Das Land und seine Bewohner geraten mit Meldungen über Korruption, Kriminalität oder Kinderheime in die Schlagzeilen, kaum mit Berichten über Fortschritte bei der Demokratisierung, bei der Schulausbildung oder in der Gesellschaft. Nur bei Naturphänomenen ist das anders: Die Gipfel der Karpaten und das Donaudelta bilden die Vorzeigebeispiele.
Die Gründe für das Vergessen einer ganzen Region sind unerforscht. Wenn die tatsächliche Entwicklung beider Länder ihrer Außenwahrnehmung in Deutschland entgegengestellt wird (BIRTEL, KISSAU 2006), kommt erstes Licht ins Dunkel. Es scheint tatsächlich die Unkenntnis zu sein, die im Verbund mit negativen Pressemeldungen zur Ablehnung führt. Weitere Aspekte kommen jedoch hinzu.
Die Entwicklungspfade Rumäniens und Moldawiens (HAVERSATH 2011, 2013), mit denen man die räumlich-zeitlichen Wandlungen verdichtet darstellen kann, verlaufen unter ganz anderen Vorzeichen als in Mitteleuropa. Beide Länder folgen dabei den großen Paradigmenwechseln, die in den letzten Jahrhunderten allgemein im Balkan- und Karpatenraum dominierten.
Für Rumänien ist folgender Verlauf kennzeichnend: In Siebenbürgen, dem Raum diesseits des Karpatenbogens, war bis zum Ende des Ersten Weltkriegs (1918) das österreichisch-ungarische Paradigma bestimmend. Öffentliche Gebäude, Kirchen

und symbolische Orte waren daher in einer Weise gestaltet, wie es in Österreich, Ungarn und Mitteleuropa verbreitet ist. Cluj/Klausenburg in Zentralsiebenbürgen oder Braşov/Kronstadt am Karpatenrand sind daher Städte, die Budapest, Linz oder Graz in ihrer Architektur ähneln. Östlich und südlich des Karpatenbogens, im so genannten Altrumänien, galten bis 1878 ganz andere Paradigmen. In der Moldau (zwischen Ostkarpaten und Pruth) bestimmte das zaristische Russland die Entwicklung, in der Walachei (zwischen Südkarpaten und Donau) und der Dobrudscha (zwischen Donau und Schwarzem Meer) das Osmanische Reich. Ohne auf die Territorialentwicklung nach 1918 detailliert einzugehen, kann die Zeit zwischen beiden Weltkriegen bis 1947 als die Phase des einheitlichen (national-)rumänischen Paradigmas bezeichnet werden. Ihr folgte bis 1990 die Phase des Sozialismus; nachholende Industrialisierung, Aufbau randstädtischer Großwohngebiete (Abb. 1) und Vernachlässigung der historischen Altstädte gelten als auffallende Attribute dieser Epoche.

Abb. 1: Plattenbauten am Stadtrand von Suceava: randstädtisches Großwohngebiet aus sozialistischer Zeit (Foto: Haversath 2005)

Mit der Transformation und der späteren Aufnahme in die EU (2007) kam es zum vierten Paradigmenwechsel innerhalb eines Jahrhunderts: Es wurden viele Industrieanlagen stillgelegt, weil sie marode und veraltet waren; die Leitbilder des Sozialismus wurden durch die des Neoliberalismus ersetzt, so dass ein kompletter Systemwechsel im politisch-gesellschaftlichen Bereich stattfand.

Beim Rückblick auf letzten 200 Jahre (CLEWING, SCHMITT 2011) drängt sich der Eindruck auf, dass Zäsuren und Diskontinuitäten auf staatlich-territorialer, politischer und gesellschaftlicher Ebene die Entwicklung bestimmten. Weil das Erbe der einzelnen Epochen unverbunden nebeneinander besteht, oft aber auch antithetisch einander gegenübersteht, kann hier von Heterogenese und von strukturellen Brüchen gesprochen werden.

Abb. 2: In Moldawien und in der Moldau (RO) allgegenwärtig: Statue Stefans des Großen, hier Aufnahme aus Chişinău (Foto: Haversath 2012)

Noch turbulenter verlief die Geschichte in Moldawien, so dass sie hier nur stichwortartig vorgestellt werden kann. Bis 1812 gehörte das Land zwischen Pruth und Dnjestr/Днестр (russ.), Dnister/Дністер (ukr.), Nistru (rumän.), das auch als Bessarabien bezeichnet wird, zum Osmanischen Reich, danach bis 1919 zum zaristischen Russland, ehe es (bis 1940) Rumänien angegliedert wurde. Mit dem Hitler-Stalin-Pakt gehörte es bis 1941 zur UdSSR, danach wieder für drei Jahre zu Rumänien. In neuer (engerer) Grenzziehung, die bis heute gilt, entstand die Moldauische SSR, wobei die Nordbukowina (um Tschernowitz) sowie der Landstrich an der Küste des Schwarzen Meers zur Ukraïne kamen. 1991 ging auch diese Epoche nach 46 Jahren zu Ende; zwischen 1919 und 1991 erlebte das Land fünf grundlegende Paradigmenwechsel!

Die staatliche Oberhoheit wechselte z.T. so schnell, dass sie sich in symbolischen Orten (Abb. 2) nicht spiegelt oder der symbolische Umbau (z.B. bei Lenin-Denkmälern) bis heute nicht vollzogen wurde. Mit der politischen Selbständigkeit von 1991 ist keine Ruhe eingekehrt: 1992 löste sich Transnistrien, der östliche Landesteil mit der Hauptstadt Tiraspol, von Chişinău, 1995 erhielt der Südteil des Landes (Gagausien; sprich: Gaga-usien) teilautonomen Status (Abb. 3).

Abb. 3: Hoheitssymbole des teilautonomen Gagausiens (Foto: Haversath 2012)

Obwohl sich die geschilderten Veränderungen innerhalb der EU bzw. in ihrem direkten Vorfeld abspiel(t)en, sind sie uns wenig vertraut. Den beteiligten Akteuren des 19. und 20. Jahrhunderts stehen wir distanziert gegenüber, die politisch-ideologischen Zäsuren sind uns in Mitteleuropa bestenfalls oberflächlich bekannt, die wirtschaftlichen und geographischen Themen zu Rumänien und Moldawien kennen wir nicht. Unkenntnis und Unverständnis – so ist zu befürchten – ergänzen sich gegenseitig, vom gemeinsamen Haus Europa – mit einem Apartment für Rumänien – ist (zu) wenig die Rede.

Einblick in regionale Vielfalt und Differenzierung
Hinter den geschilderten räumlich-zeitlichen Prozessen verbergen sich gesellschaftliche, kulturelle, ethnische, wirtschaftliche und religiöse Differenzen und Differenzierungen. Sie selber sind Produkt und Folge von politischer Begegnung und Unterdrückung, von Macht und Ohnmacht. Die kulturelle, ethnische, sprachliche oder religiöse Vielfalt der Balkan- und Karpatenhalbinsel (CLEWING, SCHMITT 2011) ist das Alleinstellungsmerkmal Südosteuropas; die multiethnische Struktur wird von manchen Autoren geradezu als soziales Kapital (FEIGS 2011) gesehen, als Puffer zur Erhöhung der Überlebenschancen im schwierigen Transformationsprozess.
Mit dem Systemwechsel 1990 griffen vor allem in der Wirtschaft neue Mechanismen. Ab etwa 2010 entstehen am Rand der größeren und kleineren Städte (Abb. 4) Neubaugebiete mit Ein- und Mehrfamilienhäusern, zunächst nur im Westen Rumäniens und um Bukarest, später in allen Teilen des Landes. Wer es sich leisten kann, zieht aus den älteren Großwohngebieten weg; am neuen Stadtrand finden sich Häuser und Wohnungen mit individuellem Zuschnitt, mit modernen Großmärkten und Einkaufszentren in der Nähe, mit ausreichenden Parkflächen und (beim Geschoßwohnungsbau) erschwinglichen Mieten. In Einzelfällen handelt es sich auch um höherpreisige Wohngebiete, die nach architektonischen Konzepten z.B. in konzentrischen Kreisen um einen Hügel gebaut wurden (Belvedere in Tîrgu Mureş). Analog zur west-östlichen Wohlstandskaskade ist eine derartige Entwicklung in Moldawien – von der Hauptstadt Chişinău abgesehen – erst in Ansätzen zu erkennen, in Transnistrien fehlt sie vollständig.

Abb. 4: Neubaugebiet am Stadtrand von Oradea im westlichen Rumänien (Foto: Haversath 2012)

Die ethnische Vielfalt der Länder Südosteuropas ist das Erbe der ehemals tonangebenden multiethnischen Reiche (Österreich-Ungarn, Russland und Osmanisches Reich). In Zeiten des nationalstaatlichen

13

und des sozialistischen Paradigmas galten die nicht-rumänischen Ethnien als Minderheiten, die sich übergeordneten Leitbildern anzupassen hatten. Die ethnische Heterogenität, die mit Ungarn, Slowaken, Deutschen, Kroaten, Aromunen, Serben, Ukraïnern, Griechen, Roma, Bulgaren, Russen, Juden, Türken u.a. sehr ausgeprägt war, ist heutzutage stark eingedämmt. Viele Mitglieder (v.a. der deutschen) Minderheit haben nach 1945 und nach 1990 dem Land den Rücken gekehrt, die verbliebenen sind in der Regel assimiliert; sie bringen ihre Identität nicht in der Öffentlichkeit zum Ausdruck, sondern in Vereinen, in der Kirche/Moschee/Synagoge und vor allem im Familienkreis (FEISCHMIDT 2003). In Rumänien änderte sich jedoch mit der Übernahme des EU-Paradigmas (2007) der Status der Minderheiten. Rechtlich werden sie nicht mehr marginalisiert, auch sprachlich und kulturell gelten sie als gleichberechtigt. In Moldawien haben Moldawier, Russen, Ukraïner und Gagausen ebenfalls einen gangbaren Weg gefunden; letztere, die türkisch sprechen und der orthodoxen Kirche angehören, wahren dank ihrer kulturellen Autonomie die eigene Identität.

Abb. 5: Soroca in Moldawien; Prachtbauten im Romaviertel (Foto: Haversath 2012)

Einen Sonderfall bilden die Roma. Sie sind nicht als einheitliche Gruppe zu sehen, sondern als in sich heterogen und vielfältig differenziert. Besonders ins Auge fallen diejenigen Gruppen, die sich am unteren Rand der Gesellschaft befinden; sie sind marginalisiert und stigmatisiert. Sie leben in ungesicherten Verhältnissen ohne gesellschaftliche Einbindung mit völlig unzureichender hygienischer, sozialer und kultureller Infrastruktur am Rand von Städten – z.B. in Hütten auf einer Müllkippe am Stadtrand von Cluj/Klausenburg – oder am Rand von Dörfern – z.B. in Mihail Kogălniceanu in der Dobrudscha (SALLANZ 2005, S. 60-64, 113-114). Wiederholt waren Sie Zielscheibe von Gewaltexzessen (SALLANZ 2007, S. 143). Von diesen setzen sich andere Roma-Gruppen weit ab; sie zeigen demonstrativ mit ihren Prachtvillen, dass sie zu Reichtum gekommen sind (z.B. in Buzescu [Walachei] oder in Huedin [Siebenbürgen]), wenngleich sie hiermit auch keine gesellschaftliche Integration erreichen können.

Soroca in Moldawien (Abb. 5) am Ufer des Nistru stellt nochmals einen Spezialfall dar: Hier haben zahlreiche Romafamilien in einem eigenen Stadtteil prunkvolle Bauten errichtet, hier haben die Familien ihre Residenz, die in unregelmäßigen Abstän-

14

den aufgesucht wird. Die Autokennzeichen verraten, dass manche Familien aus England, andere aus Belgien, Russland oder Georgien hierher kommen. Die regionale und ethnische Vielfalt muss um die Kategorie der unterschiedlichen religiösen Zugehörigkeiten erweitert werden. In Rumänien gehören die Ungarn und Deutschen, sofern sie nicht konfessionslos sind, verschiedenen westlichen Kirchen an (Katholiken, Protestanten). Im westlichen Siebenbürgen fällt gerade in den kleineren Orten wie z.B. Marghita die große Zahl der Kirchen auf. In vielen Teilen des Landes missionieren auch kleinere christliche Kirchen, die aus dem Ausland kommen; die so genannte Pfingstbewegung konnte wiederholt unter Transformationsverlierern neue Gemeindemitglieder gewinnen, sie leistet umfangreiche Hilfe vor Ort, verlangt aber auch ein Leben nach strengen religiösen Regeln (SALLANZ 2007, S. 238). Die größten Mitgliederzahlen haben die orthodoxen Kirchen Rumäniens und Moldawiens. Neben den alten Klöstern, die im Widerstand gegen das Osmanische Reich groß wurden – z.B. die Moldauklöster im östlichen Vorland der Ostkarpaten (Abb. 6) –, erstanden seit 1990 zahlreiche neue Klöster in allen Teilen des Landes. In den unsicheren Zeiten nach dem Systemwechsel boten sie für viele junge Frauen und Männer eine Perspektive. Ob das bei langsam sich verbessernden Lebensbedingungen immer noch der Fall sein wird, bleibt abzuwarten.

Abb. 6: Moldaukloster Agapia; Nonnen bereiten die Einkellerung der Kartoffelernte vor (Foto: Haversath 2012)

Der (uns in Mitteleuropa zumeist nicht bekannten) Vielfalt muss aber auch hier Rechnung getragen werden: Im Donaudelta (v.a. Ghindăreşti und Murighiol) und in der benachbarten Dobrudscha (Slava Cercheză, Slava Rusă) leben Lipowener, eine Gruppe altgläubiger russisch-orthodoxer Christen, die am Ende des 17. Jh. im damals osmanisch beherrschten Gebiet Zuflucht fanden. Die Gruppe umfasst in Rumänien knapp 22.000 Mitglieder (Tab. 1); dank guter Verbindungen zu Lipowenern im Ausland (z.b. Italien: SALLANZ 2005, S. 111-113) verfügen sie jedoch über Netzwerke, die den jungen Leuten einerseits eine ökonomische Perspektive eröffnen, andererseits den Wegzug aus der Region stimulieren.

Eine andere wenig bekannte orthodoxe Gruppe bilden die Gagausen. Sie leben im südlichen Moldawien im Bezirk Comrat (ca. 150.000), eine kleinere Gruppe befindet sich um Vama Veche in der südlichen Dobrudscha, weitere im anschließenden Bulgarien (in der bulgarischen Dobrudscha), in der Ukraïne und in Russland. Ihre Ethnogenese ist unklar und wird kontrovers diskutiert. Die Gagausen sprechen einen zentralanatolischen Dialekt des Türkischen, wie es heute im Umkreis von Konya (TR) verbreitet ist.

Tab. 1: Anzahl der Bevölkerung in der Dobrudscha (2002) nach Ethnie und Muttersprache (SALLANZ 2007, S. 160)

Rumänen	Türken	Tataren	Lipowener	Roma	Ukraïner	andere	**Gesamt**
883.620	27.580	23.409	21.623	8.295	1.465	5.651	**971.643**

Muslime sind als Reste der osmanischen Bevölkerung schwerpunktmäßig in der Dobrudscha, dem Land am Schwarzen Meer, anzutreffen (Türken, Tataren). Im 20. Jh. schrumpfte die Anzahl der Moscheen (als Indikator für die schrumpfende ethnisch-religiöse Gruppe) von 260 (1900) über 151 (1945) auf heute 80, von denen 60 religiösen Zwecken dienen (SALLANZ 2007, S. 166). Als kulturell-religiöses Zentrum gilt die Stadt Medgidia. Im dortigen Kemal-Atatürk-Lyzeum werden Pädagogen und geistliches Personal für die Moscheen der Region ausgebildet (SALLANZ 2007, S. 159).

Abb. 7: In der Moschee von Medgidia (Foto: Haversath 2012)

Die Ethnie der Juden, die im Zweiten Weltkrieg durch den Holocaust extrem dezimiert wurde, ist heute in beiden Ländern kaum noch präsent. Die Synagogen sind zwar mancherorts wieder hergerichtet worden (z.B. Oradea/Großwardein, Braşov/Kronstadt), das jüdische Leben ist aber nicht zurückgekehrt.

Nach den vielfältigen und verworrenen Zeitläuften der letzten 200 Jahre (CLEWING, SCHMITT 2011) mit wechselnden Dominanzen, mit Zäsuren und häufig sich wandelnden Leitvorstellungen erkennen wir heute in den Überlagerungen und Interferenzen das kulturelle Potenzial Südosteuropas. Die übergroße Vielfalt der Einflüsse kommt auf dem alten Friedhof von Sulina im Donaudelta überdeutlich zum Ausdruck. Die Grabsteine zeigen lateinische, kyrillische, griechische, hebräische und arabische Aufschriften. In Moldawien gelten Moldawisch (= Rumänisch) und Russisch als Amtssprachen; gagausische Kinder haben zudem Türkisch als Muttersprache ... und lernen Englisch als erste (!) Fremdsprache.

Diese Reihe kann mühelos verlängert werden: In Siebenbürgen spielt die ungarische Sprache eine große Rolle, im westlichen Banat ist neben Rumänisch je nach Ort auch das Serbische, das Kroatische oder das Slowakische verbreitet, in Teilen der Bukowina das Ukraïnische, an vielen Stellen des Landes auch Romanes, die Sprache der Roma. Nirgendwo allerdings ist die Vielfalt so groß wie in Moldawien und der Dobrudscha – eine Folge des multikulturellen Erbes früherer Jahrhunderte.

Konsequenzen

Die Unkenntnis der räumlich-zeitlichen Entwicklungen Südosteuropas ist nicht mit der fehlenden Fachliteratur zu erklären. Aktuelle Landeskunden (KAHL, METZELTIN, UNGUREANU 2008; KAHL, SCHIPPEL 2011; BOCHMANN, DUMBRAVA, MÜLLER, REINHARDT 2012) liegen zu beiden Staaten vor, Spezialstudien zu einzelnen Regionen (Dobrudscha: SALLANZ 2007; Hauptstadt Bukarest: VOSSEN 2004) oder Themen (Suburbanisierung und Migration: BAGOLY-SIMO 2012; Ethnizität: FEISCHMIDT 2003) und auch für die breite Öffentlichkeit gedachte Sachbücher (VERSECK 2001) oder anspruchsvolle Reiseführer (SCHANZENBACH 2012) sind keine Mangelware, wobei allerdings Moldawien erkennbar im Schatten des Interesses liegt.

Abb. 8: Deutsche Studierende entdecken einen Ziehbrunnen in Siebenbürgen ... und machen eigene Erfahrungen (Foto: Haversath 2012)

Die ausgeprägte natürliche und kulturelle Heterogenität wird – so die Erkenntnis – in Mitteleuropa nicht wahrgenommen. Die Reihe der politisch-kulturellen Überschichtungen reicht vor der Antike bis in die Gegenwart: Gräzisierung, Romanisierung, Slawisierung, Germanisierung, Türkisierung, Russifizierung und aktuell Amerikanisierung, EU-Europäisierung und Globalisierung. Die klischeehafte Abstempelung ganzer Regionen steht der vorbehaltlosen

Auseinandersetzung im Weg: Die Walachei z.b. steht sinnbildlich für Entlegenheit, für räumliche und mentale Ferne; die Karpaten sind ein unbekanntes Gebirge, in dem Dracula regiert und Vampire die Menschen bedrohen. Roman Polanskis Film ‚Tanz der Vampire' von 1967 oder das gleichnamige Musical (seit 1997), das von Österreich über Deutschland, das Baltikum, die USA, Japan, Ungarn usw. aufgeführt wurde und das Publikum begeisterte, verfestigt ein stigmatisiertes Rumänien-Bild – ein Moldawien-Bild existiert indes in der Öffentlichkeit überhaupt nicht.

In dieser Situation kommt dem Geographieunterricht besondere Bedeutung zu. Die Fachlehrer müssen in diese Lücke vorstoßen, die Vorurteile bilanzieren und aufarbeiten sowie die Interesselosigkeit der Schüler als Herausforderung auffassen. Die Liste wichtiger Planungsschritte umfasst etwa folgende Punkte:

1. Das Land und seine Bewohner müssen für die Schüler sichtbar gemacht werden. Die Fülle an Bildern im Internet ist so groß, dass fast zu jedem Dorf Bilder verfügbar sind. Doch Bilder allein bringen das Land und seine Bewohner nicht in den Horizont der Schüler.

2. Authentische Personen (Rumänen und Moldawier) bewirken eine deutlich höhere Aufmerksamkeit, sie erfüllen die Thematik mit Leben und ermöglichen es, von den Personen ausgehend die Aufmerksamkeit auf die Sache zu lenken. Dank vieler Schüler mit rumänischen Wurzeln ist dieser Weg gut in deutschen Schulen umsetzbar.

Abb. 9: Szene aus Botoşani (RO): Pfandleihhaus, Immobilienagentur, Überweisungsgeschäfte und ambulanter Straßenhandel mit Äpfeln, Nüssen und Birnen (Kinder) (Foto: Haversath 2012)

3. Musik spricht viele Schüler in ganz besonderer Weise an; rumänische Radiosender sind über Tablet-PC sofort abrufbar. Die aktuelle Musikszene kann so ins Klassenzimmer geholt werden – mit unterschiedlichen Erfolg natürlich. Auch hier ist eine gründliche Vorbereitung nötig, um eine Annäherung an das Thema zu erreichen.
4. Filme lassen sich bei passender Vorauswahl noch effektiver einsetzen. Im Internet steht der Film Drum bun (Gute Reise) bereit (www.kino-zeit.de/filme/drum-bun-gutereise). Er wird mit folgendem Text beworben: „Deutscher Spießer kommt voller negativer Vorurteile nach Rumänien, um seinen dort verstorbenen Vater zurück zu holen. Auf seiner rumänischen Odyssee trifft er die unglaublichsten Typen, die ihm helfen. Auf der Suche nach seinem Vater findet er sich schlussendlich selbst – aber der Weg dorthin ist genial komisch!"
5. Schulpartnerschaften bieten zusätzliches Potenzial; hier treffen Gleichaltrige aus beiden Ländern aufeinander und erfahren Gemeinsamkeiten und Differenzen, Stereotype und Individualität unmittelbar. In der Regel wirkt dieser Kontakt intensiv und dauerhaft. Plakative Darstellungen unseres Alltags passen plötzlich nicht mehr, wenn Personen, zu denen man ein freundschaftliches Verhältnis aufbauen konnte, nicht in die stereotypen Kategorien einzuordnen sind.
6. Zum Schluss sind es natürlich das Engagement und die Leidenschaft der Lehrer, die den Prozess des differenzierenden Lernens und des reflektierten Umgangs mit Vorurteilen steuern und lenken. Ohne diesen Einsatz kommen Rumänien und Moldawien nie aus dem Abseits heraus.

Literatur:

BAGOLY-SIMO, P. (2012): Umlandprozesse: Bevölkerungssuburbanisierung und Migrationen am Beispiel siebenbürgischer Städte. Beiträge zur Regionalen Geographie 65. Leipzig.

BOCHMANN, K., DUMBRAVA, V., MÜLLER, D., REINHARDT, V. (Hrsg.) (2012): Die Republik Moldau. Ein Handbuch. Leipzig.

BIRTEL, M., KISSAU, K. (2006): Makrostrukturelle Entwicklungen in Rumänien und die Wahrnehmung des Landes in Deutschland. – Europa regional 14, S. 143-154.

CLEWING, K., SCHMITT, O. J. (Hrsg.) (2011): Geschichte Südosteuropas. Vom frühen Mittelalter bis zur Gegenwart. Regensburg.

DEUTSCHE GESELLSCHAFT FÜR GEOGRAPHIE (DGFG) ([4]2007ff.): Bildungsstandards im Fach Geographie für den Mittleren Schulabschluss – mit Aufgabenbeispielen. Bonn.

FEIGS, F. (2011): Die Rolle der Privatwirtschaft in der post-konfliktiven Regionalentwicklung in Bosnien-Herzegowina am Beispiel der Stadtregionen Tuzla und Mostar. – Münstersche Geographische Arbeiten 52. Münster.

19

FEISCHMIDT, M. (2003): Ethnizität als Konstruktion und Erfahrung. Symbolstreit und Alltagskultur im siebenbürgischen Cluj. Münster.

HAVERSATH, J.-B. (2011): Rumänien und Moldawien im Abseits. Die Spirale von Unkenntnis, Ignoranz und Ablehnung. – In: HAVERSATH, J.-B. (Red.) (2011): Rumänien und Moldawien. Transformation, Globalisierung, Fragmentierung. Gießener Geographische Manuskripte 3. Aachen, S. 7-13.

HAVERSATH, J.-B. (2013): Rumäniens Städte im Wandel. Jenseits von Korruption, Kriminalität und Katastrophen. – geographie heute 34, Heft 311/312, S. 50-59.

HEMMER, I., HEMMER, M. (2010): Interesse von Schülerinnen und Schülern an einzelnen Themen, Regionen und Arbeitsweisen des Geographieunterrichts – ein Vergleich zweier empirischer Studien aus den Jahren 1995 und 2005. – In: HEMMER, I., HEMMER, M. (Hrsg.): Schülerinteresse an Themen, Regionen und Arbeitsweisen des Geographieunterrichts. – Geographiedidaktische Forschungen 46. Weingarten, S. 65-145.

HEMMER, M. (2000): Westen ja bitte – Osten nein danke! Empirische Untersuchungen zum geographischen Interesse von Schülerinnen und Schülern an den USA und der GUS. – Geographiedidaktische Forschungen 33. Nürnberg.

KAHL, T., METZELTIN, M., UNGUREANU, M.-R. (Hrsg.) (^{2}2008): Rumänien. – Österreichische Osthefte. Zeitschrift für Mittel-, Ost- und Südosteuropaforschung. Wien, Berlin.

KAHL, T., SCHIPPEL, L. (Hrsg.) (2011): Kilometer Null. Politische Transformation und gesellschaftliche Entwicklungen in Rumänien seit 1989. Berlin.

SALLANZ, J. (Hrsg.) (2005): Die Dobrudscha: Ethnische Minderheiten – Kulturlandschaft – Transformation. – Praxis Kultur- und Sozialgeographie 35. Potsdam.

SALLANZ, J. (2007): Bedeutungswandel von Ethnizität unter dem Einfluss von Globalisierung. Die rumänische Dobrudscha als Beispiel. Potsdamer Geographische Forschungen 26. Potsdam.

SCHANZENBACH, D. (2012): Rumänien. Erlangen.

SCHLIMME, H. (2003): Unbekanntes Rumänien. Führt Unkenntnis zur Ablehnung? – geographie heute 216, S. 14-19.

VERSECK, K. (^{2}2001): Rumänien. München.

VOSSEN, J. (2004): Bukarest. Stadtgestalt und Stadtstruktur. Berlin.

Prof. i.R. Dr. J.-B. Haversath
A.-Stifter-Weg 4
94081 Fürstenzell
haversath@geogr.uni-giessen.de

Benjamin Heynoldt
Outdoor Education
im Spannungsfeld von Tradition und Implementation
Eine qualitative Studie

1 Einleitung

Die Implementation außerschulischer Lernangebote ist Bestandteil des Biologie- und Geographieunterrichts (OSTUNI 2000, S. 79ff.; DGFG 2012, S. 18 ff.; BERCK, GRAF 2010, S. 226f.). Das Nutzen dieser Unterrichtssettings ist teilweise curricular vorgeschrieben (z. B. DGFG 2012, S. 19; QCA 2007, S. 107), unterliegt jedoch auch einer im Forschungsdiskurs begründeten positiven Konnotation gegenüber dem alltäglichen Unterricht im Klassenraum (HAUBRICH et. al. 1997, S. 208; KENT, FOSKETT 2000, S. 174ff.; LIDSTONE 2000, S. 133ff.; SCHOCKEMÖHLE 2009, S. 7ff.). Dennoch ist ein Missverhältnis zwischen didaktischer bzw. curricularer Erwünschtheit und der tatsächlichen Schulpraxis festzustellen. Als Gründe werden organisatorische, disziplinarische sowie rechtliche Probleme bis hin zu Kenntnismangel und curricularen Vorbehalten genannt (BALLANTYNE 1999, S. 49; FISCHER 2001, S. 93ff.; RICKINSON et. al. 2004, S. 12f.; LÖßNER 2011, S. 117ff.). Als eine mögliche Determinante dieser Diskrepanz sollen LehrerInnen in den Fokus des hier entwickelten Forschungsdesiderats gesetzt werden. Sie sind diejenigen Akteure, die sich in Abhängigkeit von ihrem Schulumfeld, ihren Einstellungen, Deutungen und Erwartungen (BAUMERT, KUNTER 2006, S. 482; HATTIE 2012, S. 18f.) gegenüber einer Durchführung oder Nichtdurchführung von außerschulischem Lernen positionieren. Um die Entscheidung von LehrerInnen für und gegen die Nutzung außerschulischer Lernumgebungen besser nachvollziehen zu können, gilt es, deren Legitimationsstrukturen qualitativ zu analysieren. Vor dem Hintergrund persönlicher Deutungsmuster zum Schulkontext und individuellen Bedeutungszuschreibungen zum Wert von Exkursionen und außerschulischen Lernorten sollen vergleichend Gemeinsamkeiten und Unterschiede in Einzelfällen rekonstruiert werden, um so eine Typisierung von Legitimationsmustern vornehmen zu können.

2 Transnationaler Bezugsrahmen der Studie

Um zu verstehen, warum gerade die Schulfächer Biologie und Geographie transnationaler Handlungsrahmen für Outdoor Education sein können, hilft es, deren historisch verwurzelte Fachtraditionen schemenhaft zu rekonstruieren.

Ein erster Ansatzpunkt hierfür stellt das Zeitalter der Aufklärung dar. Diese Epoche ist durch eine Abkehr vom christlichen Weltbild hin zu einem wissenschaftlich fundierten charakterisiert. Zentraler Gegenstand dieses Umbruchs war die Hervorbringung der Empirie als neuer Form der Erkenntnisgewinnung. War es zuvor ein erkenntnistheoretisches Verständnis, bei dem die menschlichen Sinne als täuschungsgefährdet angesehen wurden, so manifestierten sich ab dem 17. Jahrhundert zunehmend die sinnliche Erfahrung und Beobachtung als erfahrungsgebundene Erkenntnisse im Wissenschaftsverständnis. Mit der Aufhebung eher beschränkter Formen der Er-kenntnisgewinnung wurde die Alltagserfahrung Basis einer neuen Objektivität und eines empirisch fundierten Weltbildes. Die einst fest verankerte aristotelische Syste-matik wich einem breiteren Wissenschaftsverständnis. Dies war die Geburtsstunde gegenwärtiger Fachkulturen wie etwa Biologie, Geographie oder Geschichte (MEYER 2010, S. 31f.). Essentiell für die hier zu entfaltende Thematik ist die Umsetzung die-ser neuen Wissenschaftskultur vor allem durch Alexander von Humboldt. Er verkör-perte die sich neu entwickelnden Formen wissenschaftlichen Erkundens. So sammel-te er empirische Erkenntnisse durch Forschungsreisen und *field observation* (HARTS-HORNE 1939, S. 44) aus verschiedenen Räumen der Erde.

Indem Humboldt betonte, dass er den Raum als eine Verknüpfung vieler anderer Wissenschaften sieht und diese Einheit der Natur in allen Räumen der Erde wieder auffindbar ist, zeigte er, dass die Geographie als synergetisches Konstrukt verschie-dener Wissenschaften zu verstehen sei, dazugehörig auch die Biologie (HARTSHORNE 1939, S. 42). Für die Biologie war es vor allem auch Carl von Linné mit seinen For-schungsreisen und Bestimmungswerken, der wesentlichen Anteil an der Herausbil-dung einer auf Erkundung, Beobachtung und Bestimmung basierenden biologischen Wissenschaftsdisziplin hatte (STELZIG 2004, S. 68ff.). Auch der britische Naturfor-scher Charles Darwin lebte durch seine Erkundungsfahrten die neue Art der wissen-schaftlichen Forschung vor. Darwin wird zwar heute verstärkt als Biologe in Verbin-dung mit seiner Evolutionstheorie rezipiert, jedoch verfolgte er zu damaliger Zeit ebenso wie Humboldt einen synergetischen Forschungsansatz aus Biologie, Geo-graphie und anderen Disziplinen (STODDART 1966, S. 697f.). Resümierend betrachtet, sind die Traditionen der Wissenschaftsdisziplinen Geographie und Biologie verknüpft mit Schlagwörtern wie Reisen, Erkunden, Entdecken, Erforschen, Beobachten und Erkenntnisgewinnung.

Eine sich entwickelnde Neuordnung in den Fachwissenschaften konnte auch im Fä-cherkanon der Schule nachvollzogen werden (SCHWEIM 1966, S. 59). Schon viele Jahre vor Alexander von Humboldt und Carl von Linné waren Jan Amos Comenius und Wolfgang Ratke Initiatoren einer Didaktik, bei der das Aufkommen neu formulier-ter Wissenschaftssphären auch in der Schule Berücksichtigung finden sollte. Die Folge war eine Umstrukturierung des Lehrplans zugunsten neuer Unterrichtsgegen-stände, wie Natur- und Gesellschaftswissenschaften (IPFLING 2007, S. 59), und gleichbedeutend auch das Einbeziehen von Lernumgebungen außerhalb des Klas-senzimmers und des Schulgebäudes. Comenius gilt bis heute als Begründer einer naturkundlichen Didaktik (STELZIG 2004, S. 68). Unter anderem forderte er in seiner Großen Didaktik von 1657, dass in frühester Kindheit die Auseinandersetzung mit geographischen und naturwissenschaftlichen Elementen der Heimat erfolgen sollte (FLITNER 1992, S. 193f.). Darüber hinaus betont er das Grundprinzip des selbststän-digen Erforschens, was er dem Aneignen von Erkenntnissen aus Büchern gegen-übergestellt (FLITNER 1992, S. 112). Die Forderungen von Comenius sind erste Vorreiter einer grundlegenden Schulreform, die als Reformpädagogik bekannt ist und ebenfalls als sehr einflussreich auf eine Tradition von Unterricht jenseits des Klassenzimmers war.

Der sich in der Zeit der Aufklärung andeutende Rationalismus und Intellektualismus und eine damit einhergehende Verwissenschaftlichung von Bildung wird im Zuge der Reformpädagogik kritisiert und in Frage gestellt (SCHEIBE 1971, S. 5f.). Die Schule als Instrument der Bildung wird mit Begriffen wie Massenabfertigung, Uniformität, Zwanghaftigkeit und Strafanstalt in Verbindung gebracht, was den Ruf nach Reformen lauter werden ließ. Die freie Entfaltung des Kindes, seine lebendigen Interessen, Erfahrungen und Fragen sollten von grundlegender Bedeutung für den neuen Unterricht sein (SCHEIBE 1971, S. 76ff.). Damit verbunden war auch die Hinwendung zur Natur als ursprüngliche und reine Welt, was als einer der Grundsätze der Landerziehungsheimbewegung galt (SCHEIBE 1971, S. 120). Auch Pestalozzi trat für Lebens- und Wirklichkeitsnähe ein und verwies auf die kindliche Heimat als Anschauungsbasis. In den Grundsätzen der Arbeitsschulbewegung wird ebenso auf die Erschließung der natürlichen Umwelt durch Schulreisen hingedeutet (ADELMANN 1955, S. 40f.).

Im angelsächsischen Bereich wird die Reformbewegung mit dem Begriff *progressive education* umschrieben. So war es in England beispielsweise Cecil Reddie, der im späten 19. Jh. mit dem Internat Abbotsholme eine zu den *New Schools* gehörende Reformschule konzipierte. Wesentliches Konzept dieser Schule war das Leben in einer Art ländlichen Gemeinde. In Reddies Schulprogramm waren auch Wanderungen und Übernachtungen im Freien enthalten, sodass schulische Bildung nicht nur auf den Klassenraum fixiert war (HOLMES 1995, S. 51ff.) Als Verfechter der *school journeys* ist auch Joseph Cowham im britischen Königreich bekannt geworden. Er verknüpfte die Impulse der Reformpädagogik und wissenschaftstheoretischer Wurzeln. Seine *school journeys* verknüpften ein auf Erfahrungen und Beobachtungen basierendes Lernen, aber auch die Anwendung wissenschaftlicher Arbeitsweisen (MARDSEN 2000, S. 21ff.).

Es kann konstatiert werden, dass sich Geographie und Biologie als zueinander synergetische, naturbezogene und auf Beobachtung und Erkundung basierende Wissenschaftsdisziplinen entwickelt haben. Dieses Wissenschaftsverständnis spiegelt sich in abgeschwächter Form auch in den jeweiligen Schuldisziplinen wider (TENORTH 1999, S. 192f.). Gleichzeitig hat sich der Bezug zur Natur und deren Erkundung auch als Relikt reformpädagogischer Strömungen manifestiert, sodass Lernumgebungen außerhalb des Klassenraums besonders den damaligen Forderungen einer kindzentrierten, auf persönlichen Erfahrungen ausgerichteten Bildung entsprachen.

Da die Epoche der Aufklärung ein Phänomen vor allem des europäischen und nordamerikanischen Raumes war, haben sich die neuen Wissenschaftssphären und ein verändertes Wissenschaftsverständnis transnational formiert und entwickelt. Ebenso sind Prozesse der Reformierung von Schule, verbunden mit einer Gesellschafts- und Kulturkritik, nicht nur in Deutschland präsent gewesen. Demnach müssten sowohl wissenschaftstheoretische als auch reformpädagogische Impulse für ein Lehren und Lernen außerhalb des Klassenraums in anderen Ländern zu finden sein. MEYER, RA-MIREZ (2005, S. 213) verweisen auf die Ähnlichkeit zwischen Bildungssystemen verschiedener Länder aufgrund ähnlicher Prozesse bei der Herausbildung von Nationalstaaten. Bildung wird als Motor von gesellschaftlichem Fortschritt gesehen und unterliegt damit einem ständigen Kopieren und somit einer globalen Diffusion (MEYER, RAMIREZ 2005, S. 219). Demnach ist der schulische Fächerkanon ein weltweit verbreitetes Prinzip (MEYER, MCENEANEY 1999, S. 177f.) und so sind Handlungspraktiken von Outdoor Education möglicherweise auch in vielen anderen Ländern zu finden.

3 Begriffe und Forschungsdiskurs

Geht der Blick nun in aktuelle Bildungslandschaften, so wird das Heranziehen außerschulischer Lernangebote für den Unterricht häufig mit den Begriffen Exkursion (RIN-SCHEDE 2003, S. 235), Außerschulische Lernorte (BERCK, GRAF 2010, S. 226), Fieldtrips oder Fieldwork (STOLTMAN, FRASER 2001, S. 37FF.) umschrieben. Es soll an dieser Stelle nicht Ziel sein, Sinn und Zweck der einzelnen Termini zu hinterfragen und eine vergleichende Abgrenzung anzustreben. Vielmehr wird nach einem übergeordneten Begriff gesucht, der im Sinne eines einheitlichen Verständnisses alle Begriffe umschließt.

Laut Definition handelt es sich bei einer Exkursion um „[...] eine methodische Großform des Unterrichts mit dem Ziel der realen Begegnung mit der räumlichen Wirklichkeit außerhalb des Klassenzimmers. Aufgabe der Exkursion ist, dem Schüler eine direkte Erfassung geographischer Phänomene, Strukturen, Funktion und Prozesse vor Ort zu ermöglichen" (RINSCHEDE 2003, S. 235). Die Begriffsbestimmung für Außerschulische Lernorte umfasst bei BERCK, GRAF (2010, S. 226ff.) alle Möglichkeiten, Unterricht außerhalb der Schule zu halten, wobei auch Museen, Zoos, Botanische Gärten, Naturschutzzentren, Science Centers, aber auch Freilandlabore mit eingeschlossen werden. MESSMER et al. (2011, S. 7) betonen bei der Begriffsbestimmung zusätzlich die unmittelbare Begegnung mit Lerngegenständen, die unterschiedliche Spannbreite didaktischer Rahmungen solcher Orte, aber auch die Bezugsmöglichkeit zu allen Schulfächern. Die Termini *fieldtrips* oder *fieldwork* verweisen im angelsächsischen Raum häufig auf ein Aktivwerden im Gelände, bei dem die Selbsttätigkeit der TeilnehmerInnen unter dem Aspekt des entdeckenden und erforschenden Lernens im Mittelpunkt steht. Erkenntnisse sollen durch die Arbeit vor Ort gewonnen werden, was gleichzeitige mit dem Erlernen und Anwenden fachspezifischer Methoden und Arbeitsweisen verbunden ist (STOLTMAN, FRASER 2001, S. 37ff.).

Für die leichtere Handhabung der Begrifflichkeiten soll ein übergeordneter Begriff genutzt werden. Eine Möglichkeit wäre es, den Terminus Außerschulisches Lernen zu benutzen. Da das Adjektiv außerschulisch wie etwa in kommunalen Einrichtungen für Jugendliche genutzt wird (COELEN 2009, S. 90ff.), ist die Verwendung des Anglizismus *Outdoor Education* im Sinne eines Einbezugs von Lehr- und Lernsettings au-ßerhalb des Klassenzimmers und des Schulgebäudes an dieser Stelle passend.

Die teilweise in den Definitionen verwendeten Wortgruppen direkte Erfassung, unmit-telbare Begegnung oder vor Ort deuten an, dass sich diese Lernumgebungen didak-tisch-methodisch vom Unterricht innerhalb des Klassenzimmers unterscheiden (OSTUNI 2000, S. 79ff.; RINSCHEDE 2003, S. 235; STOLTMAN, FRASER 2001, S. 37ff.; MESSMER et. al. 2011, S. 7). Dies bestätigt auch ein Blick in den Forschungsdiskurs. Es wird argumentiert, dass Lernumgebungen außerhalb des Klassenraums Phänomene direkt erfahrbar ma-chen. Diese Erfahrungen stehen den sekundären oder indirekten Erfahrungen aus dem Kurs- oder Klassenraum gegenüber (LIDSTONE 2000, S. 133ff.; HAUBRICH et. al. 1997, S. 208). Daran angelehnt wird auch von einem realen Erlebnis gesprochen. Durch die subjektive Verarbeitung von Phänomenen der natürlichen Umwelt kann diesen eine stärkere persönliche Bedeutsamkeit zugesprochen werden als durch die Auseinandersetzung mit generalisierten Artefakten, wie zum Beispiel dem Schulbuch (KENT, FOSKETT 2000, S. 174ff.). Neben diesen konstruktivistischen Ansätzen wird auch postuliert, dass über diese Lernumgebungen anschlussfähiges und vernetztes Wissen generiert werde (SCHOCKEMÖHLE 2009, S. 7ff.). Eine Wirkung im kognitiven und affektiven Bereich bei SchülerInnen konnte in einer Studie von DIERKING, FALK (1997, S. 211ff.) nachgewiesen werden. Sie zeigten auf, dass sich SchülerInnen und auch Erwachsene verstärkt an außerschulische Lernangebote aus ihrer Schulzeit erinnern können. Andere Forschungsarbeiten haben sich konkret mit der Gestaltung von Outdoor Settings befasst (CLARK 1997, S. 359ff.) und deren positive Wirkung beispielsweise auf die Reflektion- und Problemlösekompetenz – im Vergleich zum Unterricht im Klassenraum – evaluiert (NEEB 2010, S. 365ff.). Ebenso wurden Erhe-bungen durchgeführt, die sich mit affektiven Einstellungsveränderungen gegenüber der natürlichen Umwelt beschäftigten (KERN, CARPENTER 1984; BOGNER, WISEMAN 2004; BOYLE et.al. 2007; ERNST, THEIMER 2011).

Auf Grundlage dieses Forschungsdiskurses wurden Modelle entwickelt, die Leitlinien für die Implementation von Outdoor Education in Schulen bereitstellen. Beispiels-weise konstruierte HEMMER (1996, S.9) Leitlinien für Schülerexkursionen, die Selbst-tätigkeit, Teilnehmerorientierung, kooperative Lernformen und ganzheitliches Lernen fordern. Zusätzlich zeigten DEURINGER et.al. 1995, S. 10ff.), dass Realitätsorientie-rung, Handlungsorientierung, Lernen mit allen Sinnen und fachübergreifendes Ler-nen zentrale Elemente auf Schülerexkursionen sein sollen. Anhand dieser Leitlinien wurden *Best-Practice*-Beispiele und Arbeitshilfen entwickelt, die eine ideale Durch-führungspraxis gewährleisten sollen (HASLER 2006; KLEIN 2007; DEWITT, STORKS-DIECK 2008; NEEB 2010).

An dieser Stelle soll auch darauf hingewiesen werden, dass die Konzeptionen zur Outdoor Education nicht kritikfrei sind. So merkt beispielsweise HASSE (2010, S. 48ff.) an, dass die Konzepte der geographischen Exkursionsdidaktik zu unkonkret seien und sich an Begrifflichkeiten und Modelle halten, die von den AutorInnen zu wenig reflektiert und zusätzlich schon lange bekannt seien. GROSS (2007, S. 208) zeigt auf, dass angestrebte naturwissenschaftliche Vorstellungsveränderungen an außerschulischen Lernorten nur bedingt erfolgen. Auch NEEB (2010, S. 365) kann in ihrer Studie aufzeigen, dass Exkursionen nicht das Maß aller Dinge seien. So könne ein akribisch geplanter Unterricht im Klassenraum ähnliche Kompetenzen im Bereich Fachwissen ausbilden wie eine analoge außerschulische Lerneinheit.

4 Problemaufriss: Outdoor Education, ein schulischer Mythos ?

Aktuelle Lehrpläne und Curricula spiegeln die im Forschungsdiskurs und in den Begriffsdefinitionen angedeutete Legitimationsbasis für Outdoor Education. In den aktuellen nationalen Bildungsstandards für Geographie wird beispielsweise unter den Kompetenzbereichen Erkenntnisgewinnung und Räumliche Orientierung konkret der Einbezug von Realräumen gefordert (DGFG 2012, S. 18 ff.). So ist festgehalten: „Exkursionen und Projekte ermöglichen den Einbezug von außerschulischer Wirklichkeit und eigenen Handlungserfahrungen" (DGFG 2012, S. 7) und: „Zum anderen können die Schülerinnen und Schüler auf Exkursionen in der geographischen Realität sowie durch einfache Versuche und Experimente eigene Daten gewinnen (z. B. durch Beobachten, Befragen, Kartieren, Zählen und Messen)" (DGFG 2012, S. 19).

Die Bildungsstandards für den Mittleren Schulabschluss im Fach Biologie fordern als eines von mehreren Leitzielen die Auseinandersetzung mit dem Lebendigen (KMK 2005, S. 6). Es wird hierbei nicht explizit das Einbeziehen von Realräumen gefordert. Dennoch kann dies als Lernumgebung in Betracht gezogen werden, da konkret die Auseinandersetzung mit Ökosystemen und so die Auseinandersetzung über Methoden der Erkenntnisgewinnung ein zentrales Element darstellt (KMK 2005, S. 14). Desweiteren wird das Beobachten biologischer Phänomene gefordert (KMK 2005, S. 10), was nicht nur auf zellularer Ebene, sondern auch auf Ebene der Ökosystem in einem Wald oder an einem Teich erfolgen könnte.

Exemplarisch soll auch ein Einblick in die Lehrpläne aus dem angelsächsischen Bereich gegeben werden. So gibt es im Vereinten Königreich im Curriculum der Geographie einen Abschnitt *Fieldwork and out-of-class learning* (QCA 2007, S. 107), wobei es auszugsweise heißt, dass SchülerInnen „[...] select and use fieldwork tools and techniques[...]" (QCA 2007, S. 107).

Im *Science Curriculum* von Ontario (CDN) ist festgehalten: „*Cooperative education and other forms of experiential learning, such as job shadowing, field trips, and work experience, enable students to apply the skills they have developed in the classroom to real-life activities in the world of science and innovation*" (MINISTRY OF EDUCATION 2008, S. 43). Aber auch die konkrete Entwicklung von Kompetenzen wird hier mit außerschulischen Lernumgebungen in Verbindung gebracht: „*use proper sampling techniques to collect various organisms from a marsh, pond, field, or other ecosystem, and classify the organisms according to the principles of taxonomy*" (MINISTRY OF EDUCATION 2008, S. 51).

Die Auszüge aus den Curricula zeigen, dass Outdoor Education ein transnational verbreitetes unterrichtliches Konzept zu sein scheint. Ebenso wird eine differierender Konkretisierungsgrad sowohl zwischen den Ländern als auch zwischen den Fächern deutlich. LehrerInnen als maßgebliche Planer und Gestalter von Lernumgebungen (HELMKE 2010, S. 73) sind durch Interpretation der curricularen Vorgaben relevante Steuergrößen für Outdoor Education im unterrichtlichen Rahmen. Um die Implementierung außerschulischer Lerneinheiten im schulischen Alltag zu evaluieren, wurden dazu in den letzten Jahren meist quantitativ ausgerichtete Lehrerbefragungen durchgeführt. (RINSCHEDE 1996; FISCHER 2001; HIGGINS et. al. 2006; KLAES 2008; POHL 2008; LÖßNER 2011) Dabei konnte ein Missverhältnis zwischen curricularen bzw. fachdidaktischen Forderungen und der Umsetzung in der schulischen Handlungspraxis festgestellt werden (FISCHER 2001, S. 93ff.; RICKINSON et. al. 2004,S. 12f.; LÖßNER 2011, S. 117ff.). Als Gründe werden Faktoren wie Zeit, Arbeitsaufwand, mangelnde Expertise, fehlende Unterstützung durch die Schule, curriculare Nichtbeachtung, Kosten und organisatorische Probleme identifiziert (BALLANTYNE 1999, S. 49; KLAES 2008, S. 218ff.; LÖßNER 2011, S. 154f.)

Ziel der hier anvisierten Studie soll es sein, das beschriebene Missverhältnis stärker in den Blick zunehmen. Dafür sollen hauptsächlich LehrerInnen als maßgebliche Steuergrößen für das unterrichtliche Angebot und der schulische und bildungspolitische Kontext in den Blick genommen werden (HELMKE 2010, S. 73). Ausgehend vom Modell zur professionellen Handlungskompetenz, sollen vor allem Überzeugungen und motivationale Orientierungen (BAUMERT, KUNTER 2006, S. 482) gegenüber der Durchführung und Nichtdurchführung außerschulischer Lerneinheiten besser nachvollzogen werden können. Zentrale Fragestellung dabei ist, wie diese Orientierungen – in Form von „[…] in die Handlungspraxis eingelassene[m] und diese Praxis orientierende[m] und somit vorreflexive[m] Erfahrungswissen […]" (BOHNSACK et. al. 2007, S. 15) – gegenüber außerschulischem Lernen transnational artikuliert werden. Der Fokus liegt dabei auf der Wahrnehmung des schulischen Umfeldes und der Legitimation gegenüber der Durchführung bzw. Nichtdurchführung.

5 Forschungsdesign

Um die Orientierungen von LehrerInnen als schulische Akteure besser nachvollziehen zu können, wurde nicht wie in vielen bisherigen Untersuchungen (RINSCHEDE 1996; FISCHER 2001; HIGGINS et. al. 2006; KLAES 2008; LÖßNER 2011) eine verstärkt standardisierte Form der Befragung genutzt, sondern eine qualitativ rekonstruierende Form gewählt. Besonders im Hinblick auf Überzeugungen und motivationale Orientierungen scheint dies effizienter, da es sich hierbei um explizite, aber auch implizite, subjektiv für richtig gehaltene Konzeptionen handelt. (BAUMERT, KUNTER 2006, S. 497).

Mit Hilfe halbstrukturierter Leitfadeninterviews werden LehrerInnen der Fächer Biologie und Geographie in Deutschland und im angelsächsischen Sprachbereich befragt. Der Leitfaden basiert auf einer Pilotstudie, die 2010 in Südafrika durchgeführt worden ist (HEYNOLDT 2011, S. 95f.). Der Fragenkatalog enthält sowohl allgemeine Fragen zum Schulumfeld und Unterricht als auch spezifische Fragen zur Legitimation und zu Möglichkeiten der Implementation von Outdoor Education.

Die Auswertung der Daten erfolgt mit der dokumentarischen Methode. Die von BOHNSACK et al. (2007) entwickelte Methode zur Analyse und Interpretation von Gruppendiskussion ist von NOHL (2013) methodologisch begründet auch auf Interviews angewendet worden. Auf Grundlage der Wissenssoziologie von Karl Mannheim wird davon ausgegangen, dass die Akteure ein theoretisches – ihnen reflexiv zugängliches – und ein atheoretisches handlungsleitendes Wissen besitzen. Im konkreten Fall bedeutet das also, dass LehrerInnen über ein implizites Wissen verfügen, welches ihre Handlungspraktiken im Schulalltag beeinflusst (BOHNSACH et. al. 200, S.11ff.; NOHL 2013, S. 4f.).

Es wird an dieser Stelle angestrebt, über die Anwendung der dokumentarischen Methode dieses Wissen und die Handlungspraxis – im Kontext des Einbezugs von Outdoor Education im Schulalltag – zu explizieren. Das bedeutet, dass davon ausgegangen wird, dass LehrerInnen über ein milieuspezifisches konjunktives Orientierungswissen verfügen, das dem Interviewer nicht explizit geäußert wird (BOHNSACK 2007, S.14).

Über ein sequenzanalytisches Verfahren werden die individuellen Orientierungsrahmen der schulischen Akteure skizziert. Durch die Kontrastierung mit Orientierungsrahmen anderer Fälle erfolgt eine Abhebung vom Einzelfall hin zu einer generalisierenden Typisierung mehrerer Fälle (NOHL 2013, S. 6ff.). Kontrastierungsgrundlage sollen dabei insbesondere persönliche Deutungsmuster zum Schulkontext und individuellen Bedeutungszuschreibungen zum Wert von Exkursionen sein.

6 Eine Fallskizze

Die dokumentarische Methode ist dafür bekannt, dass durch die Kontrastierung verschiedener Fälle ein kollektiver abstrahierter Orientierungsrahmen gebildet wird. (BOHNSACK 2007, S. 15) Im Zuge dieser Studie wird demnach davon ausgegangen, dass die Thematik Outdoor Education von den befragten LehrerInnen möglicherweise unterschiedlich gefüllt wird. Bevor es zum Fallvergleich kommt, müssen zunächst Einzelfälle und darin enthaltende individuelle Orientierungsrahmen sondiert werden. Um an dieser Stelle einen kurzen Einblick in das Datenmaterial zu geben, wurde ein Fall ausgewählt, der als ein möglicher Eckfall für das aufzuspannende Feld von Outdoor Education gilt. Hierbei ist anzumerken, dass die Auswahl der Fälle nicht nach besonderen Spezifika einzelner Bildungslandschaften entstanden ist, sondern rein vom Dokumentsinn und der Art und Weise der dort abgehandelten Themen erfolgte.

Der hier skizzierte Fall wurde in Malta an einem Boys College aufgenommen. Die Schule hat zur Zeit des Interviews keine neuen Schüler mehr eingeschult und war im Begriff zu schließen. Das Interview wurde mit einem Geographielehrer durchgeführt; das Fach Geographie wird in diesem Fall zusammen mit Geschichte und *social stu-*

dies unterrichtet, wobei alle Teilbereiche von den jeweiligen FachlehrerInnen über-nommen werden und zusammen den Komplex *environmental studies* bilden.

Dieser Fall wird deswegen als möglicher Eckfall herangezogen, weil schon in den ersten Ausführungen des Interviewten eine klare Gegenstandsbestimmung seines Verhältnisses zum Unterricht erfolgt, die sich auch später in den Artikulationen zur Implementation von außerschulischen Lernumgebungen bestätigt.

"[...]I: Ok and maybe can you tell me something about your ehm yah what options you have for teaching geography?

B: Whats eh what we do here is e-hm(.)e-hm(2) I am the only geography teacher here. Eh this school is very small. At the moment the school is being phased out. [...]"

Der Erzählstimulus des Interviewers fragt zunächst nach Möglichkeiten und Bedin-gungen, die der Lehrende für das Unterrichten von Geographie hat. Die Lehrperson wird somit als sich selbst reflektierendes Individuum angesprochen, was sich in dem vom Interviewer gesteckten Horizont verorten soll. Der Befragte versucht die Antwort zunächst über die Schulgemeinschaft zu verorten *(what we do here)*, wechselt dann aber zu einer relativierenden Darstellung *(only, very small)* des Schulumfelds.

"[...]And in three quarters of an hour (.) we won't do anything (.) that, that much. I mean [Ok] (.) the time is so short. I mean for the class to come, for the students to settle. You are (knocking off) what five, ten minutes (.) out of each lesson. [ok] So eventually class contact would be used about what forty thirty-five minutes. [Yah] So (.) you definitely have to be ehm eh prepared for what you do-(doing) do, otherwise you will be wasting more time. All right? [ok] The problem with our school here, it's a secondary, it's e::h (.) academically it's very on the low site [ok], right? So you have to be a bit careful what(.) what type of lessons you de-you deliver. [...]"

Die weiteren Ausführungen zum gleichen Erzählstimulus zeigen die vom Befragten herangezogene heteronome Logik für seinen Unterricht *(the time is so short).* Dem-nach wird eine eventuelle Eigenverantwortlichkeit der Unterrichtsgestaltung über-deckt durch die umgebenden Bedingungen *(the time is so short, the problem with our school here).* Gleichermaßen verbirgt sich in dieser Elaboration zu den *options for teaching geography* eine gewisse Normvorstellung von Unterricht und Schule, die in seiner Situation und unter diesen Bedingungen nicht erfüllt werden kann, was durch die Relativierungswörter zum Ausdruck kommt.

Eine aus seiner Sicht zusätzliche Normabweichung impliziert die Ausführung zur Schülerschaft *(So you have to be a bit careful what (.) what type of lessons you de-you deliver),* für die es also nötig ist, eine besondere Form des Unterrichts zu präsen-tieren. Ohne dass die Thematik Outdoor Education an dieser Stelle erwähnt worden ist, zeigt sich eine fast schon entschuldigende Orientierung des Befragten aufgrund des Nichteinhaltens einer von ihm angelegten Unterrichtsnorm. Diese Normvorstel-lung impliziert eine erwartete Leistung, die durch seine Rechtfertigungslogiken ent-schuldigt wird. *"[...] You have to be (.) ehm, you have to use (.) a lot of resources to make it a bit, a bit more interesting. All right? [yah] Ehm the interactive white board which was introduce just lately. I mean that was, that's a, a very good plus, all right? We use it allot, I use it(.)- what, I use is eh apart from using handouts and the books, textbooks. Ehm I use that allot eventually eh (.) ehm you know you either youtube clips from youtube or eh::m dvd's anything to do with that particularly subject will tackling or eventually ehm PowerPoint presentations, you know is a lot. The more you- the more you use it the better with yo-our students because that (1) all right you put a couple of eh (.) notes (.) very early. [...]"*

Nach der Elaboration der beeinflussenden Umstände konkretisiert er nun die Gestaltung seines Unterrichts mit einer nun stärkeren autonomen Logik *(I use it, what I use is)*. Dieser Wechsel zeigt einen Abgleich seiner Handlungspraktiken mit persönlichen Vorstellungen von Unterricht als medial aufgeladene, für die Schüler als interessant empfundene Lernumgebung. Diese Vorstellung verknüpft er eng mit der Annahme, dass erfolgreicher Unterricht ein Unterricht ohne Störungen ist: *"[...] If you're a kind person you are able to stick thirty minutes but we are talking about fifteen, fourteen years olds. You have to tell them „listen sit down there and listen to what I am saying or do this and do that". It's not the ideal thing eh for students, ha? [ok].[...]"*

Nun wird nach Möglichkeiten und Bedingungen des Nach-Draußen-Gehens gefragt.

I: And ehm is it sometimes possible for you to go out eh making-? B: For fieldwork? [yah] not very very, very easy to do. I mean you have to prepare(.) e-h beforehand for fieldwork. We use – my - I use the surroundings which is(.) - this school here is surrounded with(1)- we have a valley down the road here, the grounds are (.) vast and we can use that. Eh it depends what kind of activity you going to use. You have to prepare beforehand what you gonna do, very early we do it because(.) it takes a lot of eh energy. [Energy]all right, yah.

Die erste Orientierungsfigur, mit der ein mögliches Verlassen des Klassenzimmers in Verbindung gebracht wird, ist negativ in Form einer Schwierigkeit konnotiert. Diese wird durch die dafür notwendige Vorbereitung konkretisiert, die durch die Wortgruppe „takes a lot of energy" eine auf die Lehrperson und deren professionelle Gesamtleistung beziehende Form der quantitativen Zeit und Kraft kostenden Anstrengung ist. Dennoch verneint der Befragte nicht die Implementation außerschulischer Lernumgebungen, sondern zeigt auf, dass die Schulumgebung durchaus dafür Potenzial bietet. Da dies jedoch sehr unkonkret und kurz abgehandelt wird und im Anschluss erneut der Verweis auf die damit verbundene Anstrengungen erfolgt, scheint *fieldwork*, in welcher Form auch immer, nicht die von ihm bevorzugte Form von Unterricht zu sein. Bestätigt wird dies erneut durch das Heranziehen einschränkender Bedingungen in einem späteren Erzählabschnitt: *"[...] So eventually there is a lot of things you can do. But as I said you are restricted with time, the next lesson will start, let's say, in another half an hour. So you were down and up and lose a lot of time. The time is against you- it's always against you, all right?"*

Um die Orientierungen der Befragten in Bezug zur Outdoor Education besser zu verstehen, sind im Leitfaden auch Fragen zur Zweckmäßigkeit dieser enthalten.

"[...]why is it important for geographies pupils that they go outside and see?

*B: It is important because eventually it-it breaks, it breaks the eh monotony of the
class, yah? To (1) I mean even for us (others) the fact that you sitting down for let's
say half an hour (1) it depends on your character. If you're a kind person you are able
to stick thirty minutes but we are talking about fifteen, fourteen years olds. You have
to tell them „listen sit down there and listen to what I am saying or do this and do
that". It's not the ideal thing eh for students, ha? [ok]. (.) But-but taking them outside,
taking them to the video or (2) putting of the lights to watch a clip for - that is something different at least they are not thinking about the way they are sitting, ha?"*
Der Erzählstimulus gleich zu Beginn der oberen Interviewpassage bringt den Befragten in einen Legitimationszwang, dieser bezieht sich konkret auf die zweckmäßige
Verbindung von *go outside* und *geographies pupils.*
In der Antwort des Lehrers wird kein direkter Bezug zur Geographie hergestellt. So
wird deutlich, dass das Verlassen des Klassenzimmers aus einer Soziallogik heraus
(it breaks the monotony of the class) argumentiert wird, hier also konkret der Wechsel des einseitigen Unterrichtssettings und die Vermeidung statischen Sitzens und
damit potenzieller Unterrichtsunterbrechungen durch Rebellion seitens der Schüler.
Die Vorstellung guten Unterrichts ist gekennzeichnet durch ein Unterrichten ohne
Störungen. Dies kann er durch Ablenkung gewährleisten: „[...] *but taking them outside, taking them to the video or (2) putting off the lights to watch a clip [...].*"
Das Nennen von *taking them outside* in einer Reihe mit *video* und *clip*, verdeutlich
sehr gut seine zweckmäßige Wahrnehmung von Outdoor Education. Sie ist ein möglicher Aspekt, den störungsanfälligen monotonen Unterricht aufzubrechen. Da dies
aber genauso in einer medialen Form vom Befragten getan wird und er mit *videos,
powerpoints* und dem *whiteboard* eine ähnlich für ihn gut handhabbare Form des Unterrichts leisten kann, ist Zeit und Anstrengung in Bezug auf die Durchführung von
fieldwork aus seiner Perspektive gerechtfertigt. Outdoor Education wird in diesem
Fall als vom Lehrer willkürliche Gestaltungsmöglichkeit von Unterricht gesehen und
demnach keinem sachlogischen Zwang unterstellt, wie dies beispielsweise in den
curricularen Forderungen (vgl. 4) festgehalten ist.

7 Ausblick
Eine reflektierende Betrachtung der Fallskizze mit dem in diesem Artikel aufgearbei-
teten fachdidaktischen Diskurs zur Outdoor Education zeigt nur wenig Berührungs-
punkte mit dort postulierten Anwendungsmöglichkeiten für Unterricht außerhalb des
Klassenzimmers. So scheint sich Outdoor Education in diesem Fall mehr in Richtung
des reformpädagogischen Diskurses einer schülerorientierten, für sie als interessant
empfundene Lernumgebung einzuordnen. Der fachlogische Nutzen im Sinne einer
schulischen geographischen Bildung wird in diesem Fall nicht direkt geäußert. Das
weitere Vorgehen der Studie ist daher ausgerichtet auf das Sondieren weiterer Fälle
und darin herangezogener Normvorstellungen von Unterricht und diesbezüglicher
Vereinbarkeit von Outdoor Education. Gibt es möglicherweise Fälle, die eine reine
fachlogische Argumentation aufweisen und wenn ja, welcher Bedeutung wird den

schulischen Bedingungen dann zugewiesen? Sind möglicherweise auch Fälle zu finden, die sowohl soziologisch als auch fachlogisch argumentiert werden? Da auch im deutschsprachigen Bereich Interviews geführt worden sind, bleibt die Frage offen, wie sich LehrerInnen aus Deutschland im hier aufgezeigten Forschungsrahmen positionieren. Damit geht gleichzeitig die vorsichtige Hypothese einher, dass es bei der weiteren Fallsondierung keine länderspezifische Gruppierung geben wird, sondern möglicherweise eine auf persönlichen Bedeutungszuschreibungen von Outdoor Education in Vereinbarkeit mit unterrichtlichen Normvorstellungen basierende Typisierung generiert wird.

Literatur:

ADELLMANN, J. (1955): Methodik des Erdkundeunterrichts. München.

BALLANTYNE, R. (1999): Teaching environmental concepts, attitudes and behavior through Geography education: Findings of an international survey. In: International research in Geographical and environmental education, Vol. 8, Nr.1, S. 40–58.

BAUMERT, J., KUNTER, M. (2006): Stichwort: Professionelle Kompetenz von Lehrkräften. In: Zeitschrift für Erziehungswissenschaft, 9. Jg. , H. 4, S. 469-520.

BERCK, K. H., GRAF, D. (2010): Biologiedidaktik: Grundlagen und Methoden. Wiebelsheim.

BOGNER, F. X., WISEMAN, M. (2004): Outdoor ecology education and pupil's environmental perception in preservation and utilization. In: Science education international, vol.15, no. 1, S. 27-48.

BOHNSACK, R., NENTWIG-GESEMANN, I., NOHL, A.- M. (2007): Einleitung: Die dokumentarische Methode und ihre Forschungspraxis. In: BOHNSACK, R., NENTWIG-GESEMANN, I., NOHL, A.- M. (Hrsg): Die dokumentarische Methode und ihre Forschungspraxis. Grundlagen qualitativer Sozialforschung. Wiesbaden. S. 9-28.

BOYLE, A. et. al. (2007): Fieldwork is good: the student perception and the affective domain. In: Journal of Geography in higher education, Vol. 31, No. 2, S. 299-317.

COELEN, T. (2009): Ganztagsbildung im Rahmen einer Kommunalen Kinder- und Jugendbildung. In: BLECKMANN, P., DURDEL, A. [Hrsg.]: Lokale Bildungslandschaften. Perspektiven für Ganztagsschulen und Kommunen. Wiesbaden. S. 89-104.

CLARK, G. (1997): The educational value of the rural trail: A short walk in the Lancashire countryside. In: Journal of Geography in higher education, Vol. 21, No. 3, S. 349-362.

DEURINGER, L. et. al. (1995): Handreichung zur Exkursionsdidaktik. Donauwörth.

DGFG (Hrsg.) (2012): Bildungsstandards im Fach Geographie für den Mittleren Schulabschluss. Mit Aufgabenbeispielen. Bonn.

DEWITT, J., STORKSDIECK, M. (2008): A short review of school field trips: Key findings from the past and implications for the future. In: Visitor studies, Vol. 11, No. 2, S. 181-197.

DIERKING, L. D., FALK, J. H. (1997): School field trips: assessing their long-term impact. In: Curator, Vol. 40, No. 3, S. 211–218.

33

DILLON, J. et. al. (2006): Education outside the classroom: Research to identify what training is offered by initial teacher training institutions. National foundation for educational research. Research report RR802. http://dera.ioe.ac.uk/6549/1/RR 802.pdf (10.12.2013)

ERNST, J., THEIMER, S. (2011): Evaluating the effects of environmental education programming on connectedness to nature. In: Environmental education research, Vol. 17, No. 5, S. 577-598.

FISHER, J. A. (2001): The demise of fieldwork as an integral part of science education in United Kingdom schools: A victim of cultural change and political pressure?. In: Pedagogy, culture & society, Vol. 9, No.1, S. 75-96.

FLITNER, A. (Hrsg.) (1992)]: Johann Amos Comenius. Große Didaktik. Stuttgart.

GROß, J. (2007): Biologie verstehen: Wirkung außerschulischer Lernangebote. Beiträge zur didaktischen Rekonstruktion 16. Oldenburg.

HASLER, M. (2006): Schnee und Lawinen im Alpenraum – ein Geländepraktikum für Schülerinnen und Schüler der Sekundarstufe 2. In: HENNINGS, W., KANWISCHER, D.; RHODE-JÜCHTERN, T. (Hrsg.) (2006): Exkursionsdidaktik – innovativ!?. Geographiedidaktische Forschungen 40. Weingarten, S. 109 -119.

HASSE, J. (2010): Ästhetische Bildung. „Lernen mit allen Sinnen" und vollem Verstand. Mit einem Exkurs zur geographischen Exkursionsdidaktik. In: EGGER, R., HACKL, B. (Hrsg.): Sinnliche Bildung? Pädagogische Prozesse zwischen vorprädikativer Situierung und reflexivem Anspruch. Wiesbaden. S. 37-56.

HATTIE, J. (2012): Visible learning for teachers. Maximizing impact on learning. New York.

HAUBRICH, H. et. al. (1997): Didaktik der Geographie – konkret. Oldenburg.

HELMKE, A. (2010): Unterrichtsqualität und Lehrerprofessionalität: Diagnose, Evaluation und Verbesserung des Unterrichts. Velber.

HEMMER, M. (1996): Grundzüge der Exkursionsdidaktik und -methodik. In: BAUCH, J. et. al. (Hrsg:) Exkursionen im Naturpark Altmühltal. Eichstätt, S. 9-16.

HEYNOLDT, B. (2011): Exkursionen und Geländepraktika in der Geographieausbildung südafrikanischer Gymnasien und Hochschulen (Beispiel Pietermaritzburg) - Stand und Potentiale. Halle. (unveröff.)

HIGGINS, P., NICAL, R., ROSS, H. (2006): Teachers' approaches and attitudes to engaging with the natural heritage through the curriculum. In: Scottish Natural Heritage Commissioned Report 161. educationscotland.gov.uk/Images/Report%20No.%20 161_tcm4-378675.pdf (17.12.2013).

HOLMES, B. (1995): The origin and development of progressive education in England. In: RÖHRS, H., LENHART, V. (Hrsg.): Progressive education across the continents. Heidelberger Studien zur Erziehungswissenschaft 44, S. 51-69.

IPFLING, J. (2007): Schule – Ihre Geschichte und ihre Organisation. In: APEL, H.J., SACHER, W. (Hrsg.): Studienbuch Schulpädagogik. Stuttgart, S. 53-71.

KENT, A., FOSKETT, N. (2000): Fieldwork in the school curriculum – Pedagogical issues and development. In: GERBER, R., CHUAN, G. K. (Hrsg.): Fieldwork in Geography: Reflections, perspectives and cctions. Dordrecht, Boston, London, S. 171-193.

KERN, E., CARPENTER, J. (1984): Enhancement of student values, interests and attitudes in earth science through a field-orientated approach. In: Journal of Geological education, No. 32, S. 299–305.

KLAES, E. (2008): Ausserschulische Lernorte im naturwissenschaftlichen Unterricht. Die Perspektive der Lehrkraft. Studien zum Physik- und Chemielernen, Band 86, Berlin.

KLEIN, M. (2007): Exkursionsdidaktik – Eine Arbeitshilfe für Lehrer, Studenten und Dozenten. Hohengehren.

KMK (Hrsg.) (2005): Bildungsstandards Biologie für den Mittleren Schulabschluss. München.

LIDSTONE, J. (2000): Learning in the field: An experience for teachers and students alike. In: GERBER, R., CHUAN, G. K. (Hrsg.): Fieldwork in Geography: Reflections, perspectives and actions. Dordrecht, Boston, London, S.133 -143.

LÖßNER, M. (2011): Exkursionsdidaktik in Theorie und Praxis. Forschungsergebnisse und Strategien zur Überwindung von hemmenden Faktoren. Ergebnisse einer empirischen Untersuchung an mittelhessischen Gymnasien, Geographiedidaktische Forschungen 50. Weingarten.

MARSDEN, B.: (2000): A british historical perspective on Geographical fieldwork from the 1820's to the 1970's. In: GERBER, R., CHUAN, G. K. (Hrsg.): Fieldwork in Geography: Reflections, perspectives and action. Dordrecht. S.15-36.

MESSMER, K., NIEDERHÄUSERN, R. VON, REMPFLER, A., WILHELM, M. (Hrsg.) (2011): Ausserschulische Lernorte. Positionen aus Geographie, Geschichte und Naturwissenschaften. Berlin, Zürich.

MEYER, A. (2010) : Die Epoche der Aufklärung. Berlin.

MEYER, J. W., MCENEANEY, E. (1999): Vergleichende und historische Reflektion über das Curriculum: die sich wandelnde Bedeutung von Wissenschaft. In: GOODSON, I.F., HOPMAN, S., RIQUARTS, K. (Hrsg.): Das Schulfach als Handlungsrahmen. Vergleichende Untersuchung zur Geschichte und Funktion der Schulfächer. Köln, Weimar, Wien, Böhlau.

MEYER, J. W., RAMIREZ, F. O. (2005): Die globale Institutionalisierung der Bildung. In: MEYER, J. W. (Hrsg.): Weltkultur: Wie die westlichen Prinzipien die Welt durchdringen. Regensburg, S. 212-234.

MINISTRY OF EDUCATION (Hrsg.) (2008): The Ontario curriculum grades 11 and 12 – Science. Toronto.

NEEB, K. (2010): Exkursionen zwischen Instruktion und Konstruktion - Potenzial und Grenzen einer kognitivistischen und konstruktivistischen Exkursionsdidaktik für die Schule. Gießen.

NOHL, A.- M. (2012): Interview und dokumentarische Methode. Anleitungen für die Forschungspraxis. Wiesbaden.

35

OSTUNI, J. (2000): The irreplaceable experience of fieldwork. In: GERBER, R., SHUAN, G. K. (Hrsg.) Fieldwork in Geography: Reflections, perspectives and actions. Dordrecht, Boston, London, S. 79-99.

POHL, C. (2008): Die Bedeutung außerschulischer Lernorte für den Biologieunterricht. Eine Befragung und Untersuchung zur Einstellung der Biologielehrerinnen und Biologielehrer der verschiedenen Schulformen der Sekundarstufen I und II. Münster.

QUALIFICATIONS AND CURRICULUM AUTHORITY (Hrsg.) (2007): Geography – Programme of study for key stage 3 and attainment target. http://media.education.gov.uk/assets/files/pdf. (17.12.2013.)

RICKINSON et. al. (2004): A review of research on outdoor learning. London.

RINSCHEDE, G. (1996): Schülerexkursionen im Erdkundeunterricht. Ergebnisse einer empirischen Erhebung bei Lehrern und Stellung der Exkursion in der fachdidaktischen Ausbildung. Regensburger Beiträge zur Didaktik der Geographie, Band 1. Regensburg.

RINSCHEDE, G. (2003): Geographiedidaktik. Paderborn.

SCHEIBE, W. (1971): Die Reformpädagogische Bewegung 1900-1932: Eine Einführende Darstellung. Weinheim, Berlin, Basel.

SCHOCKEMÖHLE, J. (2009): Außerschulisches regionales Lernen als Bildungsstrategie für eine nachhaltige Entwicklung – Entwicklung und Evaluierung des Konzepts "Regionales Lernen 21+". Geographiedidaktische Forschungen 44, Weingarten.

SCHWEIM, L. (1966): Schulreformen in Preußen 1809-1819. Entwürfe und Gutachten. Weinheim.

STELZIG, I. (2004): Welche Einsichten liefert die Geschichte des Biologieunterrichts. In: SPÖRHASE-EICHMANN, U., RIPPERT, W. (Hrsg.): Biologie-Didaktik. Praxishandbuch der Sekundarstufe I und II. Berlin. S. 68-73.

STODDART, D. R. (1966): Darwin's impact on Geography. In: Annals of the Association of American Geographers. Vol. 56, No. 4, S. 683-698.

STOLTMAN, J.P., FRASER, R. (2001): Geography fieldwork. Tradition and technology meet. In: GERBER, R., CHUAN, G. K. (Hrsg.): Fieldwork in Geography: Reflections, perspectives and actions. Dordrecht (NL), S. 37-52.

TENORTH, H. E. (1999): Unterrichtsfächer. Möglichkeit, Rahmen und Grenze. In: GOODSON, I. F., HOPMANN, S., RIQUARTS, K. (Hrsg.): Das Schulfach als Handlungsrahmen. Vergleichende Untersuchung zur Geschichte und Funktion der Schulfächer. Köln, Weimar, Wien.

Benjamin Heynoldt
Von-Seckendorff-Platz 4
06120 Halle
benjamin.heynoldt@geo.uni-halle.de

Marten Lößner
Chancen und Grenzen des außerschulischen Lernortes Bio-Bauernhof für den Erwerb geographischer Methodenkompetenz
Ein evaluiertes Unterrichtsbeispiel mit Schülerinnen und Schülern einer 5. Klasse

1 Motivation und Zielsetzung

Kaufe ich biologisch erzeugte Produkte oder doch lieber konventionell erzeugte? Diese Frage stellt sich fast jeder, der vor dem Regal im Supermarkt steht. Jedoch ist eine begründete Entscheidung nur möglich, wenn ausreichend Wissen über die unterschiedlichen Produktionsformen und deren Vor- und Nachteile vorhanden ist. Ausgehend von der Lebenswelt der Schülerinnen und Schüler (SuS), wird in der hier beschriebenen Unterrichtseinheit (UE) der Versuch unternommen, den SuS an diesem Fallbeispiel geographische Methodenkompetenz zu vermitteln. Die didaktische Forschung zur Methodenkompetenz steht gerade am Anfang, Kompetenzentwicklungsmodelle gibt es noch nicht. Von daher ist diese UE ein erster Versuch hierzu, der mit Hilfe eines Fragebogens evaluiert wird, der die Einstellung, das Fachwissen und die Methodenkompetenz anhand einfacher Indikatoren abfragt.

2 Möglichkeiten der Förderung der Methodenkompetenz: Diskussion der fachlichen, didaktischen und pädagogischen Grundlagen

2.1 Warum sollte man die Methodenkompetenz einer 5. Klasse fördern?

In den Bildungsstandards der DGFG (2010, S. 19) umfasst die Methodenkompetenz drei Teilfähigkeiten: Die Kenntnis von Informationsquellen, -formen und -strategien (M1), die Fähigkeit der Informationsgewinnung (M2) und die Fähigkeit der Informationsauswertung (M3). Bezieht man diese Fähigkeit stärker auf den Prozess der Erkenntnisgewinnung in realen Situationen, ist Methodenkompetenz die Fähigkeit der SuS zur selbsttätigen Auswahl und Anwendung geographischer Arbeitsweisen zur Lösung von realen Problemen und folglich eine Kernkompetenz des Faches Erdkunde (DGFG 2010, S. 18ff.; HKM 2010, S. 3).

Sich Informationen bzgl. einer Fragestellung beschaffen zu können, sie kritisch zu hinterfragen, um sich eine eigenständige Meinung zu bilden und sich mit den Auffassungen anderer unvoreingenommen auseinandersetzen zu können, ist unabhängig von der Altersstufe eine Grundvoraussetzung, um die übergeordnete vom Fach Geographie für die SuS angestrebte Raumverhaltenskompetenz zu erlangen (HKM 2010, S. 3). Zudem ist die Methodenkompetenz im Fach Erdkunde eine Voraussetzung für wissenschaftspropädeutisches Arbeiten, das zunehmend in höheren Jahrgangsstufen, wie z.B. bei der fragengeleiteten Raumanalyse in der Oberstufe, sowie später an der Universität gefordert wird (HKM 2010, S. 25; JLU 2008, S. 4). Insbesondere bei SuS der 5. Klasse wird die Erfahrung, mit eigener Fragestellung sowie selbst gewählten Methoden etwas auf einer Exkursion herausgefunden zu haben, das Selbstwirk-

38

samkeitserleben[1] stärken und motivieren, die erlernten Fähigkeiten und Fertigkeiten anzuwenden. Die Kompetenz, sich mit geeigneten Methoden Informationen zu beschaffen, um eine Fragestellung beantworten zu können, ist in allen Schulfächern von Bedeutung und legt den Grundstein für lebenslanges Lernen.

2.2 Problemorientiertes Lernen als eine Möglichkeit, Methodenkompetenz zu vermitteln

Um Methodenkompetenz, ausgehend von der Kompetenzdefinition von WEINERT (2001, S. 28), zu fördern, muss eine authentische Problemstellung gefunden werden, zu deren Lösung die Anwendung von Methoden erforderlich ist und die die SuS motiviert, sich mit ihr selbsttätig auseinanderzusetzen. Diese Anforderungen erfüllt der Ansatz des problemlösenden Lernens, bei dem der/die Lernende in eine Situation gebracht wird, in der er/sie ein Ziel zu erreichen trachtet, dessen Zugang ihm/ihr aber verschlossen ist (MIETZEL 1993, S. 140), so dass er/sie Strategien zur Problemlösung überlegen und ausprobieren muss. Dabei ist die Authentizität der Problemstellung (MIETZEL 2007, S.63; CUNNINGHAMS 1991), die authentische Lernumgebung[2] (HONE-BEIN et al. 1993), die persönliche Einsicht des Lernenden in den Wert und die Bedeutung des Lernstoffs (VESTER 1999, S. 189[3]) sowie die Selbstbestimmung bei der Auswahl des Themas oder der anzuwendenden Methoden (MIETZEL 2007, S. 363f.) für die Motivation und den Lernerfolg ausschlaggebend. Für die Planung einer problemlösenden UE ergibt sich folgender idealtypischer Ablauf: (1) Die SuS werden mit einer möglichst wirklichkeitsnahen Problemstellung oder Situation konfrontiert, die zu aktiver Auseinandersetzung anregt; (2) SuS äußern Vermutungen zur Problemlösung bzw. stellen Fragen, die zum Verständnis der Problemsituation beitragen (z.B. in Form eines Brainstorming); (3) die SuS entwerfen einen Lösungsplan und wägen unterschiedliche Lösungswege ab; (4) zur Überprüfung der Vermutungen werden relevante Informationen recherchiert oder ermittelt, (5) nach Auswertung und Sicherung der Informationen werden die Ergebnisse bewertet und anschließend kritisch die Gültigkeit und Anwendbarkeit der Problemlösung reflektiert (HEMMER 1999, S. 121f.; RINSCHEDE 2005, S. 63).

2.3 Eignet sich das Thema biologische Landwirtschaft zur Förderung der Methodenkompetenz einer 5. Klasse?

Das Thema biologische Landwirtschaft bietet sich für eine 5. Klasse an, da die SuS einen direkten Bezug zu den Lebensmitteln haben, die sie täglich konsumieren, und

---

[1] Nach der sozial-kognitiven Theorie können Überzeugungen (Selbstwirksamkeitserwartungen) einer Person Einfluss auf ihr Verhalten haben (MIETZEL 2007, S. 360). Wenn ein Schüler erlebt hat, dass er eine Aufgabe bewältigen kann, wird er in Zukunft eine positive Selbstwirksamkeitserwartung bzgl. dieses Aufgabentyps entwickeln, was wiederum seine Erfolgsaussichten die Aufgabe zu lösen erhöht (MIETZEL 2007, S. 362).
[2] „Eine authentische Lernumgebung liegt vor, wenn die kognitiven Anforderungen – d.h. das erforderliche Denken – mit den kognitiven Anforderungen derjenigen Umgebung übereinstimmen, auf die wir den Lernenden vorbereiten (HONEBEIN et al. 1993)
[3] „Dem Lernenden müssen zu jedem Zeitpunkt der Wert und die Bedeutung seines Lernstoffs persönlich einsichtig sein. Nur dann werden Antrieb und Aufmerksamkeit geweckt, der Schüler zum Lernen motiviert, der Organismus auf ‚Aufnahme' gestimmt und der Inhalt sinnvoll gespeichert. Die Information wird ‚tiefer' verankert, weil dann die über die kognitiven Verarbeitungsregionen der Gehirnrinde hinaus z.B. auch das limbische System ‚emotional' mitbeteiligt ist" (VESTER 1999, S.189).

im Supermarkt sowie über die Werbung mit dem Thema in Berührung kommen. Weiterhin ist das Thema Tierhaltung in diesem Alter motivierend und der Produktionsprozess der Milch weist viele beobachtbare Merkmale auf, wie z.b. den Anbau und die Verarbeitung des Futters, die Haltung und Fütterung der Tiere, das Melken sowie die Käseproduktion. Folglich erfordert das Thema ein geringes Abstraktionsvermögen auf Seiten der Lernenden und eignet sich für SuS der 5. Klasse, die zunehmend zu Kategorisierungen und Abstrahierungen fähig sind (JOSEWIG 2004).

2.4 Ist die Exkursion eine geeignete Methode zur Förderung der Methodenkompetenz einer 5. Klasse?

Um Methodenkompetenz mit einer Unterrichtsmethode fördern zu können, muss es diese ermöglichen, dass die SuS eine für sie relevante Problemstellung in einer authentischen Situation mit Hilfe geographischer Arbeitsweisen selbsttätig lösen können und motiviert sind, dies zu tun (WEINERT 2001, S. 28; ROTH 1957; MIETZEL 2007, S. 51). Eine Exkursion, die Methodenkompetenz fördern will, sollte ein hohes Maß an Selbsttätigkeit der SuS einplanen (SCHOCKEMÖHLE 2008, S. 275, 291). Eine Grundvoraussetzung für die Erlangung von Kompetenzen ist die Motivation der SuS. Zahlreiche Studien der letzten Jahrzehnte haben belegt, dass Exkursionen bei den SuS sehr beliebt sind und sie motivieren, insbesondere im Vergleich mit dem als langweilig empfundenen regulären Unterricht im Klassenzimmer (SCHRETTENBRUNNER 1969, S. 104; HEMMER, HEMMER 2002, S. 6; HEMMER et al. 2005, S. 63; LÖßNER 2010, S. 83). Insbesondere ein Lernort wie ein Bauernhof, der für die SuS interessante Erfahrungen bereithält, wie z.b. den Umgang mit Tieren, ist für eine 5. Klasse motivierend.

2.5 Darlegung des Schwerpunkts der Untersuchung und der Darstellung

Zentrales Ziel des Unterrichtsversuchs ist es herauszufinden, in wie weit die durchgeführte problemorientierte UE die Einstellung der SuS zur biologischen Landwirtschaft, ihr Fachwissen bzgl. der biologischen Landwirtschaft und ihre geographische Methodenkompetenz verändert hat. Um Unterschiede zur Einstellung, zum Fachwissens und zur Methodenkompetenz messen zu können, haben die SuS vor Beginn und nach Beendigung der UE den gleichen Fragebogen ausgefüllt. Dieses Pre-Post-Test-Design ermöglicht es, Unterschiede und Entwicklungen der SuS in den drei genannten Bereichen aufzuzeigen. Diese Erhebung liefert keine auf die Klassenstufe verallgemeinerbaren Erkenntnisse, da die Stichprobe zu klein ist und der Fragebogen mehrere Tests durchlaufen müsste. Er erfüllt jedoch den Zweck, für diese Klasse und die durchgeführte UE aussagekräftige Ergebnisse zu erlangen.

2.6 Darlegung der Arbeitshypothesen

Es sollen folgende Arbeitshypothesen überprüft werden:
(1) Die UE hat Einfluss auf die Einstellung der SuS zur biologischen und konventionellen Landwirtschaft (Fragen 1-4).

(2) Die UE steigert das Fachwissen der SuS bzgl. der Unterschiede zwischen der konventionellen und biologischen Landwirtschaft (Fragen 5-11).

(3) Die UE fördert die geographische Methodenkompetenz der SuS: Sie können beobachtbare Merkmale zur Überprüfung von Fragestellungen ableiten (Frage 12), Informationen vor Ort sammeln (Frage 13), die gewonnenen Informationen auswerten und darstellen (Frage 14) sowie ihre Ergebnisse Mitschülern und Eltern präsentieren (Frage 15 und Präsentation).

3 Beschreibung der Voraussetzungen des Unterrichtsversuchs

Der Dottenfelder Hof, der seit über 1000 Jahren landwirtschaftlich genutzt wird, liegt am südlichen Rande der Wetterau in einer Niddaschleife zwischen Bad Vilbel und dem Ortsteil Dortelweil im Wetteraukreis. Seit 1968 wird er biologisch-dynamisch bewirtschaftet und entspricht den Demeter-Richtlinien biologischen Landbaus. Das Pädagogische Konzept des Hofes probiert, den SuS durch Mitmachen, Anpacken und Erleben die komplexen Zusammenhänge zwischen Natur und Umwelt, Landwirtschaft und Ernährung zu vermitteln (LWG DOTTENFELDERHOF 2011). Das pädagogische Konzept passt zu den Zielen der UE; die Betriebserkundung konnte auf die Bedürfnisse meiner Lerngruppe angepasst werden. Auf dem Dottenfelder Hof können die SuS das Prinzip der Kreislaufwirtschaft und der regionaler Vermarktung vom Anbau des eigenen Futters (Getreide, Gras) über die Tierhaltung (Kühe, Schweine, Hühner), die Verwertung des Tierkots als Dünger, das Melken und die Weiterverarbeitung bis zur Vermarktung der Milch kennenlernen. Folglich ermöglicht der Lernort Dottenfelder Hof die originale Begegnung der Lernenden mit der biologischen Landwirtschaft sowie einen schüler- und handlungsorientierten Ablauf der Exkursion.

Der Unterrichtsversuch wurde mit einer 5. Gymnasialklasse der Altkönigschule im Fach Erdkunde durchgeführt. Die Klasse setzt sich aus 24 SuS zusammen, davon sind 15 weiblich und 9 männlich. Die SuS sind zwischen 10 und 11 Jahren alt. Nach JOSEWIG (2004) befinden sie sich im Entwicklungsstadium der späten Kindheit. Auf kognitiver Ebene vollzieht sich bei ihnen der Übergang von der konkret-operationalen zur formal-operationalen Phase, d.h. sie sind zunehmend zu Kategorisierungen und Abstrahierungen fähig. Zudem nimmt das personenbezogene Lernen ab und an seine Stelle tritt individuelles, interessegeleitetes Lernen. Bei der Exkursion haben sich insbesondere die Jungen, die im normalen Unterricht eher unruhig sind, vorbildlich benommen und waren bei der Arbeit im Stall sehr motiviert.

Hinsichtlich der Sozialformen ist die Klasse in der Durchführung von Unterrichtsgesprächen und Partnerarbeit geübt, jedoch wurden noch keine Feldmethoden zur eigenständigen Informationsbeschaffung angewendet. Im Hinblick auf die Präsentation von GA-Ergebnissen ist die Klasse im Erstellen von Plakaten, Strukturdiagrammen und Kurzvorträgen geübt.

4 Darstellung der für die Förderung der Methodenkompetenz relevanten Unterrichtssequenzen

4.1 Vorbereitung der Exkursion: Problemstellung, Schülerfragen und Planung der Informationsgewinnung

Die unterrichtliche Vorbereitung umfasst das Aufwerfen der Problemstellung, das Sammeln und Clustern der SuS-Fragen sowie die Strategieplanung der SuS-Gruppen bzgl. der Anwendung von geographischen Arbeitsweisen zur Beantwortung der einzelnen Fragen (Tab. 1)

Tabelle 1: Tabellarischer Verlauf der Vorbereitung der Exkursion (nach BÖING, SACHS 2007a/b)

Phase	Inhalt	Material/Medien/	Sozi-alform	SuS-Aktivität
Vorbereitungs-phase im Unterricht (2 Doppelstunden)	Problemstellung: Kaufentscheidung im Supermarkt zwischen Bio-Milch und konventioneller Milch. Wo ist denn da der Unterschied?	Milchtüten, Tafel	LV, UG	SuS untersuchen Milchtüten, äußern Vermutungen
	Brainstorming zu den Unterschieden zwischen Bio-Milch und konventioneller Milch	Milchtüten, Tafel	UG	SuS äußern Ideen
	Information über die bevorstehende Exkursion zum Dottenfelder Hof		LV	SuS hören zu, stellen Fragen
	SuS sollen ihre Fragen bzgl. der biologischen Landwirtschaft aufschreiben.	Papierabschnitte für Fragen der SuS	EA	SuS schreiben Fragen auf Papierabschnitte
	Vorstellung der Fragen der SuS, Clustern der Fragen	Fragen auf Papierabschnitten		SuS sortieren Fragen
	Brainstorming: Wie können wir Antworten auf unsere Fragen auf dem Dottenfelder Hof herausbekommen? Ergänzung nichtbekannter geographischer Arbeitsweisen	Tafel, OHP, AB geogr. Arbeitsweisen	UG	SuS äußern Ideen
	Sortierung der Fragestellungen zu einem Thema sowie Zuordnung der geographischen Arbeitsweise und der möglichen Sicherung der Ergebnisse	AB Wie finde ich Antworten auf unsere Fragen heraus?	GA	SuS ordnen Fragen geogr. Arbeitsweisen zu
organisatorische Vorbereitung	Zwei SuS haben Fahrplanauskunft besorgt und führen die Gruppe vom S-Bahnhof Dortelweil zum Hof.			Ferdinand und Mika holen Auskunft ein.

Im Sinne des problemlösenden Lernens ist die hier gewählte Problemstellung als authentisch zu betrachten (vgl. Kap. 2). Nach der genauen Inspektion der Milchtüten durch die SuS sammelten wir die beobachtbaren Unterschiede und die Vermutungen der SuS an der Tafel; ich informierte die SuS über die geplante Exkursion mit dem Ziel, Antworten auf unsere Fragen zu finden. Nach Klärung organisatorischer Details kamen wir wieder auf die Fragen der SuS an der Tafel zurück; ich bat sie, in Einzelarbeit (EA) ihre Fragen aufzuschreiben, die sie zur biologischen Landwirtschaft und zum Dottenfelder Hof interessieren und deren Antworten sie vor Ort herausfinden möchten. Die offene Herangehensweise fördert das selbstständige Formulieren von Fragen und Vermutungen (Problemlösendes Lernen, Phase 2), ist motivierend und bindet im Sinne des konstruktiven Lernens die individuellen Vorkenntnisse bzw. die individuelle Erkenntnis darüber, was sie noch nicht wissen, in den Lernprozess ein (vgl. MIETZEL 2007, S. 46f.). Anschließend stellten alle SuS ihre Fragen vor. Nach meinem Impuls, die Fragen nach Themen zu gruppieren, begannen die SuS Vorschläge zu machen, miteinander zu diskutieren und die Fragekarten nach ihren eigenen Kriterien zu sortieren, die sie später erläutern sollten. In dieser Phase war die Kommunikation und Reflexion der SuS von besonderer Bedeutung, da die Abstimmung der SuS untereinander und die Teilhabe an dem Prozess für die Konstruktion von Wissen nötig ist[4] (BRUNER 1986; GAUVAIN 2001). Anschließend wurde anhand einzelner Fragen besprochen, welche Antwort-Möglichkeiten den SuS einfallen. Die Ergebnisse wurden an der Tafel gesammelt und um einige unbekannte geographische Arbeitsweisen ergänzt, wobei die SuS merkten, dass es stark von der Fragestellung abhängt, welche geographische Arbeitsweise sinnvoll anzuwenden ist.

Danach konnten sich die SuS nach Interesse in die Themenfelder einwählen; in der Gruppe erarbeiteten sie, mit welcher Methode sie jeweils die Antworten herausfinden und wie sie ihre Ergebnisse sichern könnten. Die arbeitsteilige GA in der Erarbeitungsphase ermöglicht den SuS zu besprechen, mit welcher Methode sie Informationen bzgl. einer konkreten Fragestellung herausfinden wollen, und gemeinsam die Vor- und Nachteile abzuwägen. Diese Kommunikation spielt m. E. für die Erlangung der Methodenkompetenz eine entscheidende Rolle[5]. Da die SuS im projektorientierten Unterricht und der Anwendung geographischer Arbeitsweisen ungeübt sind, bekam jede Gruppe einen relativ kleinschrittigen Arbeitsauftrag, der die Aufmerksamkeit der SuS auf die Zuordnung von Frage und Arbeitsweise lenkt. Eine solche Hilfestellung ist notwendig, da die SuS mit dieser Strukturierungsleistung sonst überfordert wären. Die Vorbereitung der Gruppen ist der zentrale Schritt zur Förderung der Methodenkompetenz, da die SuS auf dem Hof nur an ihrer Fragestellung arbeiten können, wenn sie vorher beratschlagt haben, wie sie an die Informationen kommen und wie sie sie dokumentieren.

4.2 Verlauf der Exkursion zum Dottenfelder Hof

Die Exkursion zum Dottenfelder Hof ist organisatorisch in drei Abschnitte unterteilt, (1) das Sammeln der SuS und die Einstimmung auf den Tag als *Pre-discovering-activity*, (2) die Betriebserkundung und (3) die Reflexion der GA durch die SuS als

---

[4] „Wissen ist ein Prozess gegenseitiger Abstimmung und keine Übermittlung voll entwickelter Wahrheiten" (JONASSEN et al. 1996, zit. in MIETZEL 2007, S. 47).

[5] Aus Perspektive der konstruktivistischen Lerntheorie fasst HENDRY (1996, zit. In MIETZEL 2007, S. 50) die Forschungsergebnisse zur Begründung für Gruppenarbeit folgendermaßen zusammen: „Wenn Kinder die Gelegenheit erhalten, sich ihre Vorstellungen und Vorgehensweisen in Paaren oder kleinen Gruppen gegenseitig zu erklären, dabei Zustimmung und Ablehnung erfahren, erreichen sie ein höheres Denkniveau als andere Schüler, die eine solche Gelegenheit nicht erhalten haben."

Post-discovering-activity. Bei der Betriebserkundung durchlaufen die SuS zehn Stationen (Tab. 2), die einen unterschiedlichen Grad der Selbsttätigkeit erlauben. Im Folgenden wird die Unterrichtssequenz an der Station 6 im Hinblick auf die Vermittlung der Methodenkompetenz näher beschrieben.

Tabelle 2: Tabellarischer Verlauf der Exkursion (BÖING, SACHS 2007a/b)

Phase	Inhalt	Material/ Medien	Sozialform	Schüleraktivität
Einstim- mungsphase am Standort (*pre- discovering- acitivity*)	SuS vor dem Hof gesammelt, von ihnen erklären lassen, warum wir heute hier sind und was wir vorhaben	AB Schü- lerfragen	UG	SuS erläutern, was sie heute auf dem Hof herausfinden wollen.
Erkundungs- aufgaben am Standort (*while- discovering- acitivitiy*)	Gruppen erarbeiten an den Ver- schiedenen Stationen der Be- triebserkundung, Antworten auf die Fragen.	AB Schü- lerfragen	GA, UG, Expertenvor- trag (EV)	
	Station 1: Geschichte, Betriebstei- le, Ziele biologischer Landwirt- schaft	AB Schü- lerfragen	(EV), UG	SuS stellen Fragen, fotographieren.
	Station 2: artgerechte Schweine- haltung, Schweinestall	AB Schü- lerfragen	EV, UG	SuS stellen Fragen, fotographieren.
	Station 3: Felder zum Futteranbau	AB Schü- lerfragen	EV, UG	SuS stellen Fragen, fotographieren, sammeln Pflanzen.
	Station 4: Kälbchenaufzucht	AB Schü- lerfragen	EV, UG	SuS stellen Fragen, fotographieren.
	Station 5: Auslaufgehege für Milchkühe, Düngermanagement	AB Schü- lerfragen	EV, UG	SuS stellen Fragen, fotographieren.
	Station 6: Kuhstall, artgerechte Tierhaltung, Platzangebot, Fütte- rung, Melken	Zollstock, Heuga- beln, Melkma- schine	GA	SuS erkunden Stellplatz für eine Kuh (messen Platz aus), stellen Futter für eine Kuh zusammen, bereiten Stall für Fütterung vor, verteilen Heu, werden angeleitet zum Melken.
	Station 7: Verarbeitung der Milch in der Käserei (nur Einblick)	AB Schü- lerfragen	EV, UG	SuS stellen Fragen, fotographieren.
	Station 8: Hofladen	AB Schü- lerfragen	GA	SuS erkunden Hofladen, erstellen Preis- liste für ausgewählte Produkte zum Vergleich mit Supermarkt.
	Station 9: Hofkartierung mit Luft- bild	AB Der Dottenfel- der Hof von oben	GA	SuS gehen im Innenhof herum und ordnen den Gebäuden auf dem Luftbild ihre Nutzung zu.
	Station 10: Gemeinsames Früh- stück	Essen, Bauer	UG	SuS stellen Fragen an den Landwirt, sprechen über das Erlebte, Essen.
Ausklang (*post- discovering- activity*)	Jede Gruppe reflektiert, welche Ergebnisse sie herausfand und wie sie zu dem Ergebnis kamen.		Gruppen berichten über Erlebnisse.	

Der Schwerpunkt der Schüleraktivierung fand an Station 6 im Kuhstall statt, wo sich die Themen Futter, Tierhaltung, Düngung und Milchproduktion verbinden. Dies er- möglicht den SuS, einen kleinen Teil des Wirtschaftskreislaufs auf dem Hof (vom

Ausmisten über die Fütterung zum Melken) aktiv mitzuerleben. Den Stall konnten die SuS zuerst eigenständig erkunden, danach berichten, was auffiel, und gemeinsam einen Stellplatz einer Kuh genauer im Hinblick auf artgerechte Tierhaltung untersuchen. Anschließend konnten die SuS eine Futterration für eine Kuh in einer Schubkarre zusammenstellen und mit dem Futter vergleichen, das eine Milchkuh in der konventionellen Landwirtschaft erhält. Danach hatten die SuS die Aufgabe, den Stall vorzubereiten. Sinn dieser handlungsorientierten Sequenz war es, den SuS ein Erleben der landwirtschaftlichen Arbeit mit allen Sinnen zu ermöglichen, ihnen in einem begrenzten Rahmen Verantwortung für die Kühe zu übertragen und einen Teil des Produktionsprozesses mitgestalten zu können. Für die Förderung der Methodenkompetenz ist m.E. nicht nur die kognitive Vermittlung von Methoden und deren Anwendung durch die SuS in Problemsituationen von Bedeutung, sondern auch die enaktiven und mit Emotionen behafteten Erfahrungen, die eine andere Perspektive bzgl. der Kriterien artgerechter Tierhaltung ermöglichen.

Bei einer Wiederholung der Exkursion mit anderen Klassen wäre darüber nachzudenken, einzelne Stationen konkreter auf eine geographische Arbeitsweise auszurichten wie z.B. bei Station 9. Betrachtet man den Erfolg der Exkursion auf Basis der Schülerergebnisse, lässt sich feststellen, dass zum überwiegenden Teil auf die Fragen Antworten gefunden und folglich die Fähigkeit der Informationsgewinnung der SuS gefördert wurde (DGFG 2010, S. 19).

4.3 Nachbereitung der Exkursion im Unterricht

In der nächsten Doppelstunde im Klassenraum (4.4.11) konnten die SuS ihre Ergebnisse mit der Zielsetzung auswerten, sie den Mitschülern zu präsentieren (Tab. 3).

Tabelle 3: Verlauf der Nachbereitung (BÖING, SACHS 2007)

Phase	Inhalt	Material/Medien	Sozialform	Schüleraktivität
Auswertung der Ergebnisse	SuS ordnen ihre Ergebnisse und Fotos.	Fotos, Notizen, Schulbuch	GA	SuS sortieren ihre gewonnenen Informationen und überlegen sich, welche sie davon auf das Plakat bringen wollen.
Darstellung der Ergebnisse	Darstellung der Ergebnisse auf einem Plakat	Plakate, Fotos	GA	SuS gestalten ein Plakat.
Präsentation der Ergebnisse	Präsentation der Ergebnisse/Plakate	Plakate	SV	SuS präsentieren ihr Plakat.
Reflexion	Reflexion des Erkenntnisprozesses während der UE		UG	SuS beschreiben, wie sie Antworten zu ihren Fragen fanden und wo es Probleme gab.

Die Fülle der notierten Ergebnissen sowie die inhaltliche Breite der herausgefundenen Informationen machte es den SuS nicht einfach, diese zu strukturieren und Wesentliches von Unwesentlichem zu trennen. Insbesondere der Schritt von der Aneinanderreihung der Fakten zu einem kausalen Wirkungsgefüge fällt den SuS schwer, benötigt mehr Übung und setzt ein tieferes Durchdringen des Fachwissens voraus. Anschließend präsentierten die Gruppen ihre Ergebnisse mit Hilfe des Plakats; hierzu konnten die Mitschüler Fragen stellen. Zum Ende jeder Präsentation sollten die SuS erklären, wie sie ihre Ergebnisse herausfanden und was dabei gut und weniger gut gelaufen sei (Phase 5 des problemlösenden Lernens, vgl. 2.2). Die Reflexionsphase über den Weg der Erkenntnisgewinnung ist für die Kompetenzentwicklung wichtig, da die heuristische Phase ihnen auch bei der Beantwortung zukünftiger Fragestellungen helfen wird; sie entwickeln dadurch eine Metakognition von prozeduralem Wissen über die Strategien der Informationsbeschaffung mit geographischen Arbeitsweisen (MIETZEL 2007, S. 261).

5 Evaluation und Erkenntnisse

Zur Auswertung des Pre- und Posttests wurde ein Codierplan angelegt, mit dessen Hilfe den Schülerantworten numerische Werte zugeordnet wurden. Den Ratingskalen[6] im Bereich der Einstellungsmessung (Fragen 1 bis 4) wurden Zahlenwerte von 1 bis 6 zugeordnet, wobei 1 für eine besonders positive Einstellung steht und 6 für eine besonders negative. Bei der Auswertung der Antworten auf die offenen Fragen entschied ich mich dafür, die Anzahl der richtig genannten Unterschiede oder Merkmale als numerisches Leistungsmerkmal festzulegen. Falsche Antworten werden ignoriert. Bei den Fragen zur Methodenkompetenz der SuS werden neben der Anzahl der richtig genannten Merkmale oder Methoden die von den SuS genannten Merkmale und Methoden in Kategorien zusammengefasst und ausgezählt, so dass ein Ranking der unterschiedlichen Merkmale und Methoden nach Anzahl der Nennungen möglich ist. Die Daten wurden mit Hilfe des Statistikprogramms SPSS 14 und Excel ausgewertet. Neben der deskriptiven Statistik (arithmetischer Mittelwert, Spannweiten) wurden nichtparametrische Signifikanztests (Wilcoxon-Test, Mann-Whitney-U-Test) angewendet, um Mittelwerte zu vergleichen (JANSSEN, LAATZ 2007, S. 559ff.). Bei kleinen Stichproben (hier N=24) und zumeist nicht normalverteilten Häufigkeitsverteilungen der Antworten sind robuste nichtparametrische Tests dem ansonsten üblichen t-Test vorzuziehen (JANSSEN, LAATZ 2007, S. 560). Die statistische Auswertung liefert keine repräsentativen Ergebnisse, mit denen es möglich wäre, auf andere Lerngruppen zu schließen, sie liefert aber präzise Ergebnisse der Veränderung der Einstellung, des Fachwissens und der Methodenkompetenz dieser Lerngruppe.

5.1 Einstellungen zur biologischen und konventionellen Landwirtschaft

Im Fragenblock zur Einstellung wurden die SuS zum einen zu ihrer Einstellung zu biologischen und konventionell erzeugten Lebensmitteln befragt, da sie diese aus ihrem Erfahrungsbereich, sei es über Werbung im Fernsehen oder beim Einkaufen im Supermarkt, wahrscheinlich kennen. Bei den Fragen 1 und 3 konnten die SuS jeweils drei Items mit monopolaren Skalen und verbaler Extrempunktbeschreibung

---

[6] Auf die wissenschaftliche Diskussion, dass Ratingskalen streng genommen lediglich ordinale Daten liefern und nur unter Annahme, dass die Befragten die Abstände auf der Skala als gleich große Intervalle auffassen, als metrisch betrachtet werden können, kann in dieser Arbeit nicht näher eingegangen werden. Eine Darstellung dieser Diskussion findet sich bei MAYER (2004, S. 82), HOLM (1986, S. 43ff.) und BORTZ, DÖRING (2003, S. 175).

ankreuzen (vgl. Fragen 1 und 3, Anhang 2, MAYER 2004, S. 83). Diese drei Antworten werden zu einem ungewichteten additiven Index (z.B. affektive Einstellung gegenüber biologischen Lebensmitteln) zusammengefasst (MAYER 2004, S. 85). Zum anderen konnten die SuS jeweils angeben, welche Einstellung sie zur biologischen oder konventionellen Landwirtschaft generell haben (Fragen 2 und 4).

Beim Vergleich der Mittelwerte der Gesamtstichprobe aus dem Pre- und Posttest wird deutlich, dass die affektive Einstellung zu biologischen Lebensmitteln wesentlich positiver ist ($\bar{x}_{vorher}$= 1,28, $\bar{x}_{nachher}$=1,17) als die zu konventionellen Lebensmitteln ($\bar{x}_{vorher}$= 4,14, $\bar{x}_{nachher}$=4,96) (s. Abb. 1)

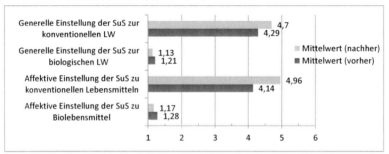

Abb. 1: Mittelwerte der Einstellung der SuS zur biologischen bzw. konventionellen Landwirtschaft/Lebensmitteln (N=24) (1= sehr positiv, 6=sehr negativ)

Ebenso ist die generelle Einstellung zur biologischen Landwirtschaft vor und nach der UE im Mittel wesentlich positiver ($\bar{x}_{vorher}$= 1,21, $\bar{x}_{nachher}$=1,13) als zur konventionellen ($\bar{x}_{vorher}$= 4,29, $\bar{x}_{nachher}$=4,7) (s. Abb. 1). In allen Fällen hat sich die Tendenz im Vorher-Nachher-Vergleich verstärkt, wobei diese Entwicklung nur im Fall der affektiven Einstellung zur konventionellen Landwirtschaft signifikant ist (Signifikanzniveau 0,02). Die Verstärkung der Ablehnung von konventionell erzeugten Lebensmitteln ist vermutlich durch die positive Darstellung der biologisch erzeugten Lebensmittel auf dem Dottenfelder Hof inklusive der Verkostung vor Ort sowie dem Eindruck der Tiere auf dem Biohof im Vergleich zum (zuvor gezeigten) im Film (Auf der Suche nach dem glücklichen Huhn) mit negativen Aspekten der Massentierhaltung zu erklären. Beim Geschlechtervergleich der Mittelwerte fällt auf, dass die Mädchen die biologische Landwirtschaft generell (Mädchen: $\bar{x}_{vorher}$=1,06, $\bar{x}_{nachher}$=1,13; Jungen: $\bar{x}_{vorher}$=1,50, $\bar{x}_{nachher}$=1,13) als auch die biologischen Lebensmittel (Mädchen: $\bar{x}_{vorher}$= 1,21, $\bar{x}_{nachher}$=1,06; Jungen: $\bar{x}_{vorher}$=1,42, $\bar{x}_{nachher}$=1,38) positiver bewerten als die Jungen und sie die konventionelle Landwirtschaft (Mädchen: $\bar{x}_{vorher}$=4,69, $\bar{x}_{nachher}$=5,13; Jungen: $\bar{x}_{vorher}$=3,50, $\bar{x}_{nachher}$=3,88) als auch die konventionellen Lebensmittel (Mädchen: $\bar{x}_{vorher}$=4,46, $\bar{x}_{nachher}$=5,13; Jungen: $\bar{x}_{vorher}$=3,50 , $\bar{x}_{nachher}$=4,63) schlechter als die Jungen bewerten.

5.2 Fachwissen der SuS zur biologischen Landwirtschaft

Im Bereich Fachwissen sollten Unterschiede bzgl. der konventionellen und biologischen Landwirtschaft hinsichtlich der Tierhaltung, der Futtermittel, der Düngemittel und des Pflanzenanbaus aufgeschrieben werden (Fragen 5-8 im Fragebogen). Zudem sollte definiert und erklärt werden, was unter artgerechter Tierhaltung zu verstehen ist, welche Ziele die biologische Landwirtschaft hat und warum Bioprodukte in der Regel teurer als herkömmlich erzeugte Lebensmittel sind. Bei der Auswertung wird jeder Frage die Anzahl von richtig beschriebenen Aspekten zugeordnet, so dass hieran im Vor- und Nachtest eine Zu- oder Abnahme des Fachwissens festgestellt werden kann. Zur Vergleichbarkeit der Ergebnisse der Gesamtgruppe werden Mittelwerte gebildet (Tab. 4).

Tabelle 4: Mittelwertvergleich der Anzahl der richtigen SuS-Antworten auf die Fragen zum Fachwissen bzgl. der biologischen Landwirtschaft im Pre- und Posttest (N=24)

Nr.	Fragen	$\bar{X}_{vorher}$	$\bar{X}_{nachher}$	Signifikanzniveau
	Ich kenne die Unterschiede zwischen der konventionellen Landwirtschaft und der biologischen Landwirtschaft hinsichtlich			
5	...der Tierhaltung,	1,5	1,96	Nicht signifikant
6	... der Futtermittel,	0,33	1,54	0,000 hochsignifikant
7	... der Düngemittel,	0,5	1,54	0,000 hochsignifikant
8	... des Pflanzenanbaus.	0,38	1,42	0,001 hochsignifikant
	Anzahl der			
9	...Merkmale artgerechter Tierhaltung	1,67	2,13	0,034 signifikant
10	...Ziele biologischer Landwirtschaft	1,46	1,54	Nicht signifikant
11	...genannten Gründe für das höhere Preisniveau von Bioprodukten	0,67	0,96	Nicht signifikant

Vergleicht man die Mittelwerte der Anzahl der korrekt genannten Merkmale im Pretest mit denen im Posttest, lässt sich bei allen Fragen eine Steigerung der Anzahl der korrekt genannten Merkmale feststellen. Folglich hat die UE zu einer Steigerung des Fachwissens im Bereich biologische Landwirtschaft geführt. Nicht signifikante Ergebnisse gab es bei den Fragen 7, 10 und 11 zur Tierhaltung, zu den Zielen biologischer Landwirtschaft und den Gründen für das höhere Preisniveau der Bioprodukte. Bei den beiden zuerst genannten Fragen liegt es daran, dass die Ergebnisse im Pretest schon relativ gut waren und nur eine geringe Steigerung zu verzeichnen ist. Bei der Frage nach den Gründen für das höhere Preisniveau der Bioprodukte hat nur die Schülergruppe 1, die das Thema Allgemeine Informationen über den Dottenfelder Hof bearbeitet hat, mit einem Mittelwert von 1,4 ein überdurchschnittliches Ergebnis erzielt. Beim Vergleich der Mittelwerte der Schülergruppen untereinander fällt auf, dass in der Regel nicht die Gruppe, die das entsprechende Thema behandelt hat, auch in diesem Themengebiet am besten abgeschnitten hat, was eventuell mit der leistungsheterogenen Gruppenzusammensetzung zu erklären ist oder im positiven Sinn mit der gelungenen Präsentation der Schülergruppen..

5.3 Methodenkompetenz der SuS

Zentrales Ziel der UE war es, die Methodenkompetenz der SuS zu fördern. Die SuS sollten lernen, wie man, ausgehend von seiner eigenen Fragestellung, Informationen vor Ort gewinnt, diese strukturiert auswertet und präsentiert. Um dies messen zu können, wurden zu den in den Bildungsstandards der DGfG genannten Teilfähigkeiten M1, M2, M3 der Methodenkompetenz (vgl. 2) Fragen im Fragebogen gestellt. Frage 12 operationalisiert die Fähigkeit, mögliche Informationsquellen vor Ort zu benennen und beobachtbare Indikatoren für artgerechte Tierhaltung abzuleiten (M1). Frage 13 behandelt die Fähigkeit, vor Ort Informationen mittels geeigneter geographischer Arbeitsweisen zu gewinnen (M2). Frage 14 und 15 beziehen sich auf die Fähigkeit, die gewonnenen Informationen auszuwerten, darzustellen und zu präsentieren (M3). Die offenen Fragen wurden zum einen bzgl. der Anzahl der genannten SuS-Antworten ausgewertet und zum anderen wurde erfasst, welche Aspekte am häufigsten genannt wurden.

Tabelle 5: Mittelwertvergleich der Anzahl der genannten richtigen Merkmale auf die Fragen zur Methodenkompetenz im Pre- und Posttest (N=24)

Nr.	Fragen	$\bar{x}_{vorher}$	$\bar{x}_{nachher}$	Signifikanzniveau
	Anzahl genannter ...			
12	überprüfbarer Merkmale artgerechter Tierhaltung,	1,79	1,63 (2,17)*	Nicht signifikant
13	Informationsmöglichkeiten auf dem Bauernhof,	1,42	2,50	0,000 hochsignifikant
14	Möglichkeiten, Informationen auszuwerten/darzustellen,	1,29	2,38	0,001 hochsignifikant
15	Möglichkeiten, die gewonnenen Information Mitschülern und Eltern zu präsentieren	1,54	2,33	0,001 hochsignifikant
	Anzahl genannter			
16	Merkmale, anhand derer man einen Biobauernhof von einem konventionellen Bauernhof unterscheiden kann	1,17	2,38	0,000 hochsignifikant

* Mittelwert ohne die Antworten von 6 SuS, die die Frage falsch verstanden hatten

Betrachtet man die Mittelwerte der Anzahl der genannten Aspekte zu den Fragen 13 bis 16, ist bei allen ein hochsignifikanter Zuwachs festzustellen. Bei Frage 12, bei der die SuS aufschreiben sollten, mit Hilfe welcher Merkmale sie artgerechte Tierhaltung auf dem Biobauernhof überprüfen könnten, haben sie sogar im Posttest weniger Merkmale als im Pretest genannt. Dies lässt sich dadurch erklären, dass sechs SuS beim Posttest die Frage falsch verstanden und stattdessen geographische Arbeitsweisen aufzählten, mit denen man generell Informationen herausfinden könnte, was bei Frage 13 gefragt war. Rechnet man diese sechs Fälle heraus, würde der Mittelwert dieser Frage bei 2,17 liegen und wäre auch im Vergleich zum Pretest gestiegen. Folglich waren die SuS nach Beendigung der UE in der Lage, mehr Aspekte bzw. Methoden oder Merkmale zur Informationsbeschaffung auf dem Bauernhof sowie Auswertungs- und Präsentationsmöglichkeiten zu nennen als vorher. Insbesondere bei der Frage (16) nach den Unterscheidungsmerkmalen von biologischen und konventionellen Bauernhöfen hat sich die durchschnittliche Anzahl der Nennungen

49

verdoppelt. Neben dem quantitativen Vergleich der SuS-Antworten ist natürlich bedeutsam, welche Aspekte und Methoden die SuS vornehmlich genannt haben. So wurden die SuS-Antworten zu Kategorien zusammengefasst und ausgezählt.

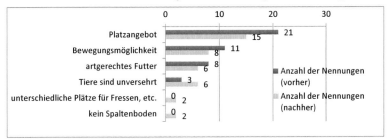

Abb. 2: Anzahl der SuS-Antworten nach Kategorien auf Frage 12, anhand welcher Merkmale artgerechte Tierhaltung auf dem Biobauernhof überprüft werden könne

Auf die Frage, mit Hilfe welcher Merkmale die SuS auf dem Biobauernhof überprüfen könnten, ob die Tiere dort artgerecht gehalten werden, wurde am häufigsten das Platzangebot der Tiere im Stall, die Bewegungsmöglichkeit der Tiere (Auslauf) und die Verfütterung von artgerechtem Futter genannt (Abb. 2).

Beim Vergleich der Anzahl der im Pre- und Posttest genannten Möglichkeiten, Informationen bzgl. ihrer Fragestellung auf dem Bauernhof herauszufinden, zeigt sich, dass in beiden Fällen Beobachten und Befragen die am häufigsten genannten geographischen Arbeitsweisen sind (vgl. Abb. 3). Wurden im Vortest bis auf eine Nennung zu Notizen machen nur diese beiden geographischen Arbeitsweisen genannt, fällt auf, dass nach der UE die SuS ein breiteres Spektrum von Arbeitsweisen nennen, wobei das Fotografieren mit zehn Nennungen heraussticht.

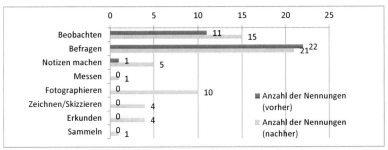

Abb. 3: Anzahl der von den SuS genannten Möglichkeiten zur Informationsbeschaffung auf dem Bauernhof nach Kategorien (Frage 13)

Es zeigt sich, dass die SuS die Arbeitsweisen nach der UE nennen, die sie auch selbst ausgeführt haben. Dieses Ergebnis stützt das Unterrichtsprinzip der Selbsttätigkeit der SuS. Bezüglich der Möglichkeiten, die auf der Exkursion gewonnenen Informationen auszuwerten und darzustellen, haben die SuS im Pretest vor allem Texte und Tabellen genannt, wohingegen sie nach der UE Plakate, Fotos beschreiben und Texte nennen (Abb. 4).

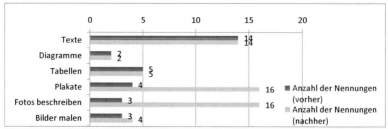

Abbildung 4: Anzahl der genannten Möglichkeiten, gewonnene Informationen auszuwerten und nach Kategorien darzustellen (Frage 14)

Die enorme Steigerung bei den Kategorien Plakate und Fotos beschreiben hängt damit zusammen, dass alle Gruppen sich dafür entschieden haben, ein Plakat anzufertigen und in jeder Gruppe mehrere SuS einen Fotoapparat zur Verfügung hatten. Die geringe Anzahl der SuS, die Tabellen oder Diagramme als Auswertungsmöglichkeit genannt haben, hängt damit zusammen, dass die SuS kaum statistische Daten herausgefunden haben, die sich so hätten aufbereiten lassen.

Im Hinblick auf die Möglichkeiten, ihre Ergebnisse Mitschülern oder Eltern zu präsentieren, haben die SuS sowohl vor als auch nach der UE das Referat, eine Plakatausstellung sowie eine Fotoausstellung am häufigsten genannt, wobei in den beiden letztgenannten Kategorien ein sehr starker Zuwachs zu verzeichnen ist (Abb. 5).

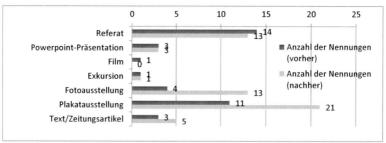

Abb. 5: Anzahl der genannten Möglichkeiten, gewonnene Informationen nach Kategorien zu präsentieren (Frage 15)

Die Möglichkeiten, einen Film zu drehen, eine Exkursion zu machen oder einen Text bzw. Zeitungsartikel zu schreiben, wurden selten genannt und auch in der Praxis nicht durchgeführt.

In fast allen abgefragten Bereichen konnte ein Zuwachs hinsichtlich der Anzahl als auch der Differenziertheit der Antworten im Bereich Methodenkompetenz erreicht werden. Insbesondere die Methoden, die selbst angewendet wurden, verzeichneten einen starken Zuwachs. Die offene Herangehensweise und die freie Wahlmöglichkeit hinsichtlich der geographischen Arbeitsweisen führten zu einer praktikablen und produktiven Auswahl. Wenn man speziell neue, den SuS unbekannte Methoden üben möchte, sollte man den Gruppen zusätzliche Vorgaben machen.

6 Chancen und Grenzen zur Erlangung von Methodenkompetenz

Der Lernort Dottenfelder Hof bietet aufgrund der räumlichen Nähe der Produktionsorte, der leicht beobachtbaren Merkmale der Milcherzeugung, der flexiblen Gestaltung der Betriebserkundung und der Möglichkeit der Selbsttätigkeit gute Ausgangsbedingungen für die Durchführung einer Exkursion zum Produktionsprozess in der biologischen Landwirtschaft und zur Förderung der Methodenkompetenz. Insbesondere die direkte Erfahrung mit den Tieren, das Einbinden der SuS in die landwirtschaftliche Arbeit und das gemeinsame Frühstück mit lokalen Produkten ermöglichen sehr eindrückliche Erfahrungen, die alle Sinne ansprechen und Spaß machen.

Die SuS konnten ihren selbst gestellten Fragen eigenständig mit Hilfe geographischer Arbeitsweisen in einer authentischen Lernumgebung auf den Grund gehen, was sie sehr motivierte und ihnen ein Selbstwirksamkeitserleben ermöglichte, das so im Klassenraum schwierig zu erlangen ist. Dabei wurden jedoch relativ wenige Arbeitsweisen (Beobachten, Befragen, Fotografieren) von den SuS angewendet, was für sie sehr effizient war. In Hinblick auf die Vermittlung von weiteren Methoden würden Änderungen bei den Vorgaben zu einzelnen Stationen nötig, was jedoch wiederum zu Lasten der Eigenständigkeit der SuS ginge (vgl. 4.2). Die Unterrichtsform fordert den SuS ein hohes Maß an Selbstorganisation und Eigenverantwortung ab, was insbesondere SuS in den unteren Klassenstufen zum Teil überfordern könnte. Die Ergebnisse des Pre- und Posttests lassen den Schluss zu, dass die UE und die Exkursion die Methodenkompetenz sowie das Fachwissens der SuS förderte, jedoch an der Bandbreite der gelernten Methoden und an der Vernetzung des Fachwissens (s. Fragebogen, Frage 11) weiter zu arbeiten ist.

Des Weiteren kann die Fülle und Bandbreite der aufgeschriebenen Fragen zu einer Überforderung der Gruppe führen und die Zielsetzung, Unterschiede zwischen der biologischen und konventionellen Landwirtschaft herauszufinden, in den Hintergrund treten lassen, was durch eine Vorauswahl der Fragen durch die Gruppen hätte abgemildert werden können.

Der Ansatz, die Methodenkompetenz mit Hilfe einer problemorientierten UE und der Anwendung geographischer Arbeitsweisen auf einer Exkursion zu fördern, hat nachweislich zum Erfolg geführt (vgl. Kap. 5) und sollte im Erdkundeunterricht weiter verfolgt und durch weitere Evaluationen verbessert werden. Der Arbeitsaufwand für die Exkursion hat sich in meinen Augen gelohnt, da die SuS im Bereich Fachwissen und Methodenkompetenz dazugelernt haben, die Exkursion sie darüber hinaus für das Fach Erdkunde motiviert hat, was durch zahlreiche positive auch noch Wochen nach der Exkursion deutlich wurde, und die Arbeit vor Ort die einzige authentische Möglichkeit ist, geographische Arbeitsweisen zu üben. Insbesondere die hohe Motivation, an eigenen Fragen zu arbeiten, ist ein gewichtiges Argument, diese Unterrichtsform öfter durchzuführen und auch ungewöhnliche Fragen als Chance für den Erdkundeunterricht zu betrachten. Besonders im Hinblick darauf, dass sich gerade auch die schwachen SuS von dieser Unterrichtsmethode haben zur eifrigen Mitarbeit motivieren lassen, spricht für den häufigeren Einsatz solcher Exkursionen.

52

Literatur

BÖING, M., SACHS, U. (2007a): Exkursionsdidaktik zwischen Tradition und Innovation. Eine Bestandsaufnahme. – In: Geographie und Schule 29, H. 167, S. 36-44.

BÖING, M., SACHS, U. (2007b): Fachdidaktische Exkursionen – ein Baustein zur Förderung exkursionsdidaktischer Kompetenzen in der Lehrerbildung. – In: Geographie und Schule 29, H. 169, S. 39-46.

BORTZ, J., DÖRING, N. (Hrsg.) (2003): Forschungsmethoden und Evaluation für Human- und Sozialwissenschaftler. Berlin.

BRUNER, J.S. (1986): Actual minds, possible worlds. Cambridge (MA).

CUNNINGHAM, D. J. (1991): Assessing constructions and constructing assessments: A dialogue. – In: Educational Technology 31, S. 13-17.

GAUVAIN, M. (2001): The social context of cognitive development. New York.

HENDRY, G. D. (1996): Constructivisms and educational practice. – In: Australian Journal of Education 40, H. 1, S. 19-45.

HEMMER, M. (1999): Problemorientierter/-lösender Unterricht. – In: BÖHN, D. (Hrsg.): Didaktik der Geographie. Begriffe. München, S. 121-122.

HEMMER, I., HEMMER, M. (2002): Mit Interesse lernen. Schülerinteresse und Geographieunterricht. – In: geographie heute 23, Heft 202, S. 2-7.

HEMMER, I., HEMMER, M., BAYRHUBER, H., HÄUSSLER, P., HLAWATSCH, S., HOFFMANN, L., RAFFELSIEFER, M. (2005): Interesse von Schülerinnen und Schülern an geowissenschaftlichen Themen. – In:Geographie und ihre Didaktik 33, S. 57-72.

HESSISCHES KULTUSMINISTERIUM (HKM) (Hrsg.) (2010): Lehrplan Erdkunde. Gymnasialer Bildungsgang. Jahrgangsstufen 5G-12G (G8). – www.kultusministerium.hessen.de/irj/servlet/prt/portal/prtroot/slimp.CMReader/HK M_15/HKM_Internet/med/620/620704b5-267f-121a-eb6d-f191921321b2,22222222-2222-2222-2222-222222222222,true.pdf 20.10.2010

HONEBEIN, P.C., DUFFY, T. M., FISHMAN, B. J. (1993): Constructivism and the design of authentic learning environments: Context and authentic activities for learning. – In: DUFFY, T.M., LOWYCK, J., JONASSEN, D. (EDS.): Designing environments for constructive learning. Berlin, S. 87-108.

HOLM, K. (1986): Die Frage. – In: HOLM, K. (Hrsg.): Die Befragung 1. Tübingen, S. 32-91.

JANSSEN, J., LAATZ, W. (^{6}2007): Statistische Datenanalyse mit SPSS für Windows. Berlin.

JONASSEN, D.H., MYERS, J.M., MCKILLOP, A.M. (1996): From constructivism to constructionist: learning with hypermedia/multimedia rather than from it. – In: WILSON, B.C. (ED.): Constructivist learning environments. Englewood Cliffs (NJ), S. 93-106.

JOSWIG, H. (2004): Phasen und Stufen in der kindlichen Entwicklung. In: Fthenakis, W.E., TEXTOR, M. (Hrsg.): Online-Familienhandbuch: www.familienhandbuch.de/cmain/f_aktuelles/a_kindliche_entwicklung/s_910.html (27.10.2010)

53

JUSTUS-LIEBIG-UNIVERSITÄT GIEßEN (JLU GIEßEN) (Hrsg.) (2008): Modulbeschreibung zum Studiengang Geographie für Lehramt an Gymnasien. L3-Anlage 2- Erdkunde Module. http://fss.plone.uni-giesen.de/fss/mug/7/pdf/7_83/Anlage2/Module/7_83_00_AN L2_MO_Er_5.Ae/file/7_83_00_ANL2_Erdkunde_Module_5_Aenderungsfassung.p df, 15.7.2011.

LÖßNER, M. (2010): Exkursionsdidaktik in Theorie und Praxis. Forschungsergebnisse und Strategien zur Überwindung von hemmenden Faktoren. Ergebnisse einer empirischen Untersuchung an mittelhessischen Gymnasien. Geographiedidaktische Forschungen 48. Weingarten.

LWG DOTTENFELDER HOF (2011): Schulbauernhof. – www.dottenfelderhof.de/landbauschule/on-farm-research/schulbauernhof.html , 19.7.2011.

MAYER, H. O. (^{2}2004): Interview und schriftliche Befragung. Entwicklung, Durchführung und Auswertung. München.

MIETZEL, G. (^{8}2007): Pädagogische Psychologie des Lernens und Lehrens. Göttingen.

MIETZEL, G. (1993): Psychologie in Unterricht und Erziehung. Göttingen.

RINSCHEDE, G. (2005): Geographiedidaktik. Paderborn.

RINSCHEDE, G. (1997): Schülerexursionen im Erdkundeunterricht – Ergebnisse einer empirischen Erhebung bei Lehrern und Stellung der Exkursion in der fachdidaktischen Ausbildung. – In: Regensburger Beiträge zur Didaktik der Geographie 2. Regensburg, S. 7-80.

ROTH, H. (1957): Pädagogische Psychologie des Lehrens und Lernens. Hannover.

SCHRETTENBRUNNER, H. (1969): Schülerbefragung zum Erdkundeunterricht. – In: Geographische Rundschau 21, S. 100-106.

VESTER, F. (^{26}1999): Denken, Lernen, Vergessen. München.

WEINERT, F. (2001): Leistungsmessung in Schulen. Weinheim.

Dr. Marten Lößner
Altkönigschule Kronberg
Le-Lavandou-Straße 4
61476 Kronberg im Taunus
m.loessner@gmx.de

Carina Peter

Erkenntnisgewinnung in der geographiedidaktischen Forschung

Konzeption und Ergebnisse einer Studie zur Experimentierkompetenz

Methodenkompetenzen haben in den letzten Jahren verstärkt Einzug in didaktische Konzepte und Forschungsansätze erhalten. Obwohl Methoden seit Jahrzehnten in den verschiedenen Fachdisziplinen analysiert werden, kommt ihnen im Zuge der internationalen Vergleichsstudien eine verstärkte Bedeutung zu (PISA-KONSORTIUM 2001; PISA-KONSORTIUM 2004; PISA-KONSORTIUM 2007; OECD 2010). Der Grund zur stärkeren methodischen Zuwendung liegt in den mäßigen Ergebnisse der deutschen Schülerinnen und Schüler zu Beginn der Erhebungsphasen der PISA-Studien im Jahr 2000, im Zuge dessen der Paradigmenwechsel von der Lernzielorientierung zur Kompetenzorientierung erfolgte.

Dabei stellen der Ansatz der Problemorientierung bzw. das problemlösende oder forschende Lernen Möglichkeiten dar, der Forderung einer verstärkten Kompetenzorientierung nachzukommen. Neben den Befunden der Vergleichsstudien zur Erkenntnisgewinnung liegen vor allem Ergebnisse aus den Didaktiken der Naturwissenschaften (z. B. HAMMANN 2004; MAYER 2007; EHMER 2008; GRUBE 2010; HOF 2011) sowie der Lehr-/Lernforschung der pädagogischen Psychologie (z. B. DE JONG, VAN JOOLINGEN 1998; CHEN, KLAHR 1999) vor. Dabei werden neben weiteren naturwissenschaftlichen Methoden wie beobachten, vergleichen oder modellieren die Experimentiermethode bzw. die Teilkompetenzen des Experimentierens analysiert. Auch in der Unterrichtspraxis der Naturwissenschaften nimmt die Experimentiermethode eine zentrale Stellung ein und wird dort als didaktischer Königsweg bezeichnet (PRENZEL, PARCHMANN 2003).

Die Geographie als Brückendisziplin der Natur- und Gesellschaftswissenschaften nutzt in einem geringeren Umfang die naturwissenschaftliche Methode. In der Unterrichtspraxis spielt demnach das Experiment eine eher untergeordnete Rolle (HEMMER, HEMMER 2010, S. 65 ff.), obwohl Teilkompetenzen der Methode in den geographischen Bildungsstandards explizit benannt werden (DGFG 2007) und somit der Stellenwert aus fachdidaktischer Perspektive verdeutlicht wird. Ein weiteres generelles Problem liegt im diffizilen begrifflichen Gebrauch (z. B. LETHMATE 2006). Der Terminus wird in der geographiedidaktischen Fachliteratur unklar verwendet, es fehlten bisweilen fundierte Definitionen. Jüngere fachdidaktische Publikationen machen auf dieses Defizit aufmerksam, klären die Begrifflichkeit und verstärken zugleich den methodischen Stellenwert (z. B. LETHMATE 2006; OTTO 2009; OTTO, MÖNTER 2009; OTTO ET AL. 2010; MÖNTER, HOF 2012). Ein weites Spektrum an Vorteilen kann je nach Gestaltung des Lernprozesses aufgeführt werden: z. B. fachlicher Lernzuwachs, Erwerb von strategischem Planungsvermögen zur Problemlösung, soziales Lernen. Zudem bestätigen Lernende laut einer Interessensstudie, dass die Methode Experimentieren das höchste Interesse im Geographieunterricht weckt (HEMMER, HEMMER 2010, S. 65 ff.). Die Beliebtheit kann nicht prinzipiell auf den seltenen Einsatz in der Unterrichtspraxis zurückgeführt werden, da die Methode auch in den naturwissenschaftlichen Fächern hohes Interesse weckt, in denen sie zugleich einen hohen Stellenwert in der Praxis hat (z. B. VOGT, H. ET AL. 1999, S. 81; MÖNTER, HOF 2012, S. 293).

Somit ist festzuhalten, dass der methodischen Kompetenzentwicklung und dabei konkret der naturwissenschaftlichen Methode des Experimentierens eine zentrale Bedeutung zukam. Ist diese seit Jahren in den Didaktiken der Naturwissenschaften sowohl im Forschungskontext als auch in der Unterrichtspraxis verankert, gewinnt die Methode in der Geographiedidaktik erst in jüngerer Zeit an Bedeutung. In dem vorliegenden Beitrag soll im ersten Schritt der Frage nachgegangen werden, über welchen Kompetenzstand Schülerinnen und Schüler im Geographieunterricht hinsichtlich der Experimentiermethode verfügen. Im zweiten Schritt wird die Effektivität des Kompetenzerwerbs durch problemlösendes Lernen im Vergleich zum konventionellen Lernprozess empirisch erhoben und analysiert. Dabei wird begründet auf vorausgegangenen Studien (z. B. WEINSTEIN ET AL. 1982; BREDDERMANN 1983; SHYMANSKY ET AL. 1990) die Hypothese formuliert, dass die Schülerinnen und Schüler der Versuchsgruppe, die mit dem Ansatz des problemlösenden Lernens unterrichtet werden, ein höheres Kompetenzniveau (positiver Effekt) in der Methode des Experimentierens erreichen als die Probanden der Vergleichsgruppe, die mit dem fragendgelenkten Ansatz unterrichtet werden.

Theoretische Grundlagen und Forschungsstand
- Experimentieren aus geographiedidaktischer Perspektive
OTTO (2009) definiert ein Experiment als „eine planmäßige, grundsätzlich wiederholbare Beobachtung von natürlichen und auch gesellschaftlichen Vorgängen unter künstlich hergestellten, möglichst veränderbaren Bedingungen. Es verfolgt den Zweck, durch Isolation, Kombination und Variation von Bedingungen eines Phänomens bzw. Objekts reproduzierbare und kontrollierbare Beobachtungen zu gewinnen, aus denen sich Regelmäßigkeiten und allgemeine Gesetzmäßigkeiten ableiten lassen. Ein Experiment kann beliebig oft wiederholt werden" (OTTO 2009, S. 4). Sechs Kriterien werden benannt: (1) Beobachtung unter künstlich hergestellten Bedingungen, (2) Isolation, (3) Variation, (4) Reproduzierbarkeit, d. h. die Wiederholbarkeit der Experimentierergebnisse bei gleichen Bedingungen, (5) Kontrollexperimente zur Vermeidung konkurrierender Erklärungen sowie (6) das Aufdecken kausaler Wirkungszusammenhänge zur Ableitung von Regelmäßigkeiten und allgemeinen Gesetzmäßigkeiten (LETHMATE 2006, S. 5; OTTO 2009, S. 4 f.). Der Ablauf eines geographischen Experiments wird auch als experimenteller Algorithmus (DRIELING 2006, S. 18; OTTO ET AL. 2011, S. 107) bezeichnet. Die in Abb. 1 dargestellten Arbeitsschritte des Experimentierens im Geographieunterricht nach OTTO ET. AL (2011) finden in ähnlicher Struktur auch in den anderen naturwissenschaftlichen Fachdisziplinen

57

Verwendung (z. B. LABUDDE 2010; S. 135) und bieten den Lernenden ein strukturiertes und systematisches Vorgehen bei der Lösung von Problemen bzw. Fragestellungen.

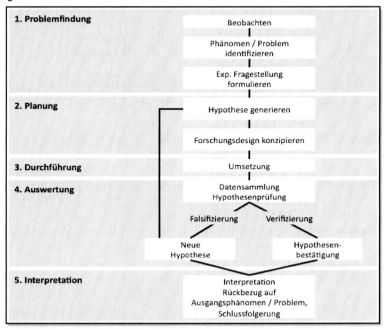

Abb. 6: Phasen und Arbeitsschritte des Experimentierens im Geographieunterricht (verändert nach OTTO ET AL. 2011, S. 107; MÖNTER, HOF 2012, S. 297)

- Kompetenzmodelle
Um die Kompetenzentwicklung im Laufe der Jahre planen und evaluieren zu können, werden Modelle konstruiert. Differenziert in Kompetenzentwicklungsmodelle und Kompetenzstrukturmodelle (SCHECKER, PARCHMANN 2006, S. 47), gestalten Kompetenzentwicklungsmodelle den möglichen Erwerb der Erkenntnisgewinnung (Scientific Literacy) vom Niveau der alltäglichen Vorstellungen über Fähigkeitsniveaus hin zu einem „differenzierten Umgang mit naturwissenschaftlichen Konzepten und Methoden" (HAMMANN 2004, S. 197). Für den Bereich der Experimentierkompetenz liegen verschiedene Theoriemodelle vor, die zwischen drei und vier Teilkompetenzen differenzieren. Weitestgehend übereinstimmend werden die Teilkompetenzen Hypothesen generieren, Planung eines Experiments und Daten auswerten beschrieben (z. B. DUNBAR, KLAHR 1988; HAMMANN 2004; MAYER 2007; WALPULSKI et. al. 2008). MAYER (2007) erweitert die Teilkompetenzen um den Bereich Fragestellung formulieren. Das Modell von MAYER (2007) wurde von GRUBE (2010) empirisch überprüft. Aus dem geographiedidaktischen Bereich fehlen bislang empirisch evaluierte Modelle zur Ex-

perimentierkompetenz, ein konzeptionelles Theoriemodell liegt hingegen vor (OTTO
ET. AL. 2010, S. 133 ff.). OTTO ET. AL. (2010) beziehen dabei in Anlehnung an MAYER
(2007) die Fragestellung als Teilkompetenz mit ein. Dabei wird die Stellung des Faches als Brückendisziplin der Natur- und Gesellschaftswissenschaften als Begründung herangezogen. Nach MÖNTER (2011) liegt die spezifische Qualität des Faches
in der Auseinandersetzung mit den Wechselwirkungen zwischen Natur und Gesellschaft. Gesellschaftliches Handeln kann selten von physiogeographischen Bedingungen, Kräften und Prozessen getrennt werden (MÖNTER, HOF 2012, S. 292). Eine
spezifische Fragestellung, die Erklärungsoptionen aufweist und somit Grundlagen
einer Lösungsstrategie bietet, scheint demnach für das geographische Experiment
elementar (OTTO ET. AL 2010, S. 142 f.).

- Forschungsstand
Ergebnisse der TIMSS Studie belegen, dass nur etwa 10 bis 16 % der Schülerinnen
und Schüler bis zum Ende der 8. Klasse einfache experimentelle Anordnungen verstehen (HAMMANN 2004, S. 197). Laut den PISA-Befunden kam es seit der ersten
Erhebung 2000, in der die deutschen Schülerinnen und Schüler mit 487 Punkten im
Mittel unter dem internationalen Durchschnitt (OECD-Durchschnitt 500 Punkte) la-
gen, zu einer positiven und überdurchschnittlichen naturwissenschaftlichen Kompetenzentwicklung in den Folgeerhebungen. Als Grund dieser positiven Entwicklung
wird u. a. die verstärkte Problemorientierung im Unterricht aufgeführt. Zugleich verdeutlichen die Befunde, dass das Kompetenzniveau einer starken Streuung unterliegt. Fast 15 % der Lernenden verfügen über nahezu keine naturwissenschaftlichen
Kompetenzen. Dabei stehen die Schularten im Fokus. Probanden der Gymnasien
liegen 2006 im Durchschnitt deutlich über dem Basisniveau der ersten Kompetenzstufe. Probanden der Realschulen befinden sich hingegen mit 5,2 % unterhalb oder
auf der ersten Kompetenzstufe, Schülerinnen und Schüler der integrierten Gesamtschulen mit 22,2 % und Lernende der Hauptschulen mit 39,6 % unterhalb des Basis-
niveaus (PRENZEL ET AL. 2006, S. 6). In den Folgeerhebungen werden ähnliche Ergebnisse aufgezeigt. Auch Studien der Didaktiken der Naturwissenschaften bestätigen ähnliche Befunde (GRUBE 2010; HOF 2011). GRUBE (2010) zeigt bei Lernenden
des Gymnasiums, aber auch bei Schülerinnen und Schülern der Realschule positive
Entwicklungen im wissenschaftlichen Denken, hingegen eine stagnierende Entwicklungen bei Probanden der Hauptschule (GRUBE 2010, S. 82). Dabei können nach
CHEN, KLAHR (1999) bereits im Grundschulalter Grundstrategien zum Entwickeln logi-
scher Experimente erlernt werden. CAREY, EVANS (1989) berichten, dass Probanden
(etwa 12 Jahre alt) einer Highschool nach erfolgter Intervention fähig waren, syste-
matisch und hypothesengeleitet zu experimentieren (CAREY, EVANS 1989; HAMMANN
2004, S. 199). Gestärkt werden die Befunde durch SIMSEK, KABAPINAR (2010), die bei
10- bis 11-jährigen Lernenden das Wissenschaftsverständnis signifikant fördern
konnten.

Design, Stichprobe und Messinstrument

Zur Evaluierung der Fragestellungen werden zwei Studien im Schuljahr 2011/2012 durchgeführt und abschließend evaluiert: Normierungs- und Interventionsstudie. An der Normierungsstudie nehmen 662 Schülerinnen und Schüler verschiedener Schularten in Hessen teil: integrierte Gesamtschule (N = 553), Realschule und Hauptschule (N = 103), sonstige/keine Angaben (N = 6). Die Geschlechterverteilung kann mit 50,2 % weiblichen Probanden (N = 332) und 49,8 % männlichen Probanden (N = 330) als homogen bezeichnet werden. Im Querschnitt wird der Kompetenzgrad von Lernenden der Jahrgänge 5 bis 9 erhoben, um Rückschlüsse über die Experimentierkompetenz ziehen zu können (N = 102 im 5. Schuljahr; N = 251 im 6. Schuljahr; N = 162 im 7. Schuljahr; N = 60 im 8. Schuljahr; N = 84 im 9. Schuljahr). Als Messinstrument wird ein *paper-and-pencil-test* eingesetzt, der die vier Teilkompetenzen a) Fragestellung formulieren, b) Hypothesen generieren, c) Planung eines Experiments, d) Daten auswerten (s. Abb. 3) abbildet. Zu jeder Teilkompetenz werden drei Items konstruiert, so dass der Hauptteil des Messinstruments aus zwölf Testfragen besteht (s. Abb. 2).

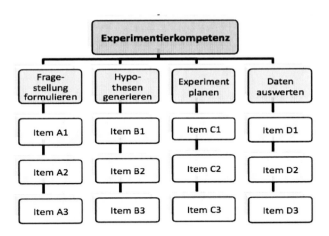

Abb. 2: Schema des Messinstruments zur Erhebung der Experimentierkompetenz (verändert nach PETER 2014, S. 63)

Basierend auf der Testfragenkonzeption *multiple-choice*, können die Probanden aus vier Antwortvorgaben auswählen sowie der Antwortmöglichkeit ‚weiß nicht' (s. Abb. 3).

Teilkompetenz Experiment auswerten (D 1)

Pflanzen benötigen Wasser zum Leben. Die Wurzeln ziehen das Wasser aus dem Boden. Unterschiedliche Bodenarten speichern unterschiedlich große Wassermengen. Einige speichern viel Wasser und einige speichern wenig Wasser. Die Klasse 6a untersucht, welche Bodenart wie viele Tassen Wasser speichern kann. Eine Schülerin plant und führt folgendes Experiment durch.

Welche Aussagen können aus dem Experiment getroffen werden?

1) Lehm speichert das meiste Wasser. ☐
2) Blumenerde speichert das wenigste Wasser. ☐
3) Kies speichert das meiste Wasser. ☐
4) Kies speichert das wenigste Wasser. ☐
5) Weiß nicht. ☐

Abb. 3: Testfrage des paper-and-pencil-tests (Beispiel D 1) (verändert nach PETER 2014, S. 192)

Den Kern der Erhebung bildet die Interventionsstudie, die einem quasi-experimentellen Design im Zwei-Gruppen-Plan entspricht. Die zwei Gruppen werden aus Versuchs- und Vergleichsgruppen gebildet. Das Design beinhaltet drei Erhebungs-/Testphasen sowie eine Interventionsphase (s. Tab. 1), so dass im Vergleich von Vortest (Pretest) zu Nachtest (Posttest) die Effektivität der Intervention evaluiert werden kann. Durch die Follow-Up-Erhebung acht Wochen nach der Intervention können Aussagen über die Langzeitwirkung gemacht werden.

Die Stichprobe der Interventionsstudie umfasst im Pretest 191 Schülerinnen und Schülern mit 112 Probanden in der Versuchsgruppe und 79 in der Vergleichsgruppe. Die Lernenden sind im Durchschnitt 12,02 Jahre alt. Die Probanden befinden sich am Ende der Jahrgangsstufe 6. Beteiligt sind drei Schulen (neun Klassen) in Hessen der Schularten Realschule (Förderstufe) und IGS. Die Intervention umfasst zehn standardisierte Sequenzen in beiden Gruppen zum Thema Wasser – Süßwasser- und Salzwasserphänomene/-probleme an ausgewählten Raumbeispielen. Die Inhalte umfassen u. a. Themen zur Bodenversalzung durch Bewässerung, zum Toten Meer, zum Aralsee und zum Salzgehalt der Ostsee. Als Messinstrument wird der *paper-and-pencil-test* verwendet. Der problemlösende Unterrichtsansatz wird dabei durch folgende Prinzipien definiert: situiert, kooperativ, selbstgesteuert, aktiv konstruierend (MANDL 2003, S. 10; MAYER, ZIEMEK 2006, S. 7; RINSCHEDE 2007, S. 67; HASSELHORN, GOLD 2009, S. 262 ff.). Als Vergleich wird als konventionelles Verfahren der fragend-gelenkte Unterrichtsansatz eingesetzt, der im Gegensatz zum problemlösenden Ansatz durch starke Lehrerzentrierung und Instruktion gekennzeichnet ist.

61

Tab. 1: Design der Interventionsstudie (verändert nach PETER 2014, S. 61)

Phase	MZP (Messzeitpunkt)	Verfahren	
Pretest	T1	Messinstrument: Leistungstest (paper-and-pencil-test); Schülerinnen und Schüler der Klassen 6 mit Versuchs- und Vergleichsgruppe	
Intervention	---	Förderung der Versuchsgruppe in zehn Unterrichtssequenzen mit problemlösendem Ansatz und Experimentieren (Förderung der Fachinhalte durch Methodenförderung)	Förderung der Vergleichsgruppe in zehn Unterrichtssequenzen mit fragend-gelenktem Unterricht (Förderung der Fachinhalte)
Posttest	T2	Messinstrument: Leistungstest (paper-and-pencil-test); Schülerinnen und Schüler der Klassen 6 mit Versuchs- und Vergleichsgruppe	
Follow-Up	T3	Messinstrument: Leistungstest (paper-and-pencil-test); Schülerinnen und Schüler der Klassen 7 mit Versuchs- und Vergleichsgruppe	

Ergebnisse

Im Sinne der Querschnittsdarstellung (Normierungsstudie) werden die Kompetenzen von der Klassenstufe 5 zur Stufe 9 deskriptiv dargestellt. Anschließend erfolgt die Überprüfung der Kompetenzgrade auf statistische Unterschiede mittels T-Tests zwischen aufeinanderfolgenden Klassenstufen. Die Experimentierkompetenz wird aus der Summe der erreichten Punkte der einzelnen Teilkompetenzen (s. Abb. 2) dargestellt. Ziel ist die Erhebung der Experimentierkompetenz in Abhängigkeit von Klassenstufe und Schulart.

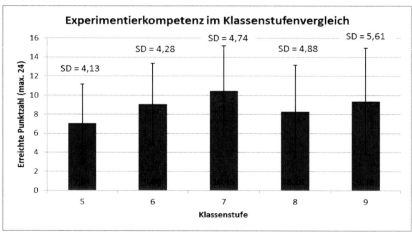

Abb. 4: Kompetenzgrad der Methode des Experimentierens (Klassenstufen 5 bis 9) (MW + 1 SD) (PETER 2014, S. 91)

Das Kompetenzniveau steigt von Klassenstufe 5 zu 7 an (Klassenstufe 5: N = 97; MW = 7,04; SD = 4,13[7]; Klassenstufe 6: N = 251; MW = 9,06; SD = 4,28; Klassenstufe 7: N = 162; MW = 10,45; SD = 4,88). Das Kompetenzniveau sinkt in der Klassenstufe 8 um 2,17 Punkte im Mittel im Vergleich zur Stufe 7 (Klassenstufe 8: N = 60; MW = 8,28; SD = 4,88). Die Schülerinnen und Schüler der Klassenstufe 9 erreichen einen Kompetenzgrad von 9,38 Punkten im Mittel (N = 84; SD = 5,61). Die Überprüfung mittels T-Tests zeigt statistisch signifikante Unterschiede zwischen den folgenden Klassenstufen: 5/6 (d = 0,77; p < 0,001), 6/7 (d = 0,31; p = 0,002), 7/8 (d = 0,45; p = 0,003). Zwischen den Klassenstufen 8/9 werden keine signifikanten Unterschiede im Kompetenzgrad erhoben (d = 0,21; p = 0,22).

Weiterhin werden Kompetenzunterschiede von Lernenden unterschiedlicher Schularten überprüft (Haupt-, Realschule und integrierte Gesamtschule), die in der weiteren Darstellung auf die Klassenstufen 5-7 begrenzt werden.

---

[7] Abkürzungserläuterungen: N = Anzahl; MW = Mittelwert; SD = Standardabweichung

63

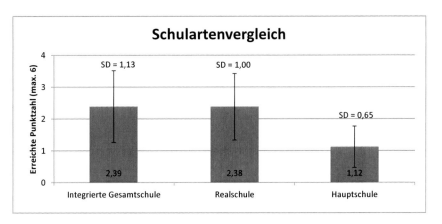

Abb. 5: Experimentierkompetenz und Fachwissen im Schulformvergleich (Klassenstufen 5-7) (MW + 1 SD) (verändert nach Peter 2014, S. 96)

Folgende Kompetenzgrade wurden erhoben: Integrierte Gesamtschule (N = 353; MW = 2,39, SD = 1,13), Realschule (N = 72; MW = 2,38, SD = 1,00), Hauptschule (N = 41; MW = 1,12, SD = 0,65). Die statistischen Überprüfungen belegen zwischen den Schularten IGS/Hauptschule (d = 1,38; p ‹ 0,001) sowie zwischen Realschule/Hauptschule (d = 1,49; p ‹ 0,001) signifikante Unterschieden mit großen Effektstärken. Zwischen IGS/Realschule werden keine signifikanten Unterscheide belegt (d = 0,01, p = 0,89).

Zur Evaluierung der zweiten Fragestellung werden Lernende der Schularten integrierte Gesamtschule und Realschule der Jahrgangsstufe 6 im Pre-/Postdesign analysiert. Ziel ist die Analyse der Effektivität der Kompetenzförderung durch problemlösendes Lernen. Zunächst erfolgt eine Varianzanalyse mit Messwiederholung im Pretest mit statistischer Überprüfung des Kompetenzniveaus (einfaktorielle ANOVA), um die Vergleichbarkeit der Voraussetzungen der Probanden zu testen: Im Kompetenzgrad der Gruppen werden keine statistisch signifikanten Unterschiede belegt (Versuchsgruppe MW = 10,24, SD = 4,77; Vergleichsgruppe MW = 8,63; SD = 4,48) (d = 0,35; p = 0,068). Es kann von statistisch vergleichbaren Voraussetzungen hinsichtlich der beteiligten Gruppen ausgegangen werden.

Um die Effektivität der Intervention überprüfen zu können, wird der Kompetenzgrad der beiden Gruppen vom Pretest (T1) zum Posttest (T2) sowie vom Pretest (T1) zur Follow-Up-Erhebung (T3) durch eine Varianzanalyse mit Messwiederholung auf statistische Unterschiede analysiert. Signifikante Unterschiede werden zwischen den Messzeitpunkten T1/T2 (Pretest/Posttest) (p < 0,001) sowie zwischen den Messzeitpunkten T1/T3 (Pretest/Follow-Up) (p = 0,01) belegt. Insgesamt ist somit eine positive Kompetenzentwicklung der Versuchsgruppe gegenüber der Vergleichsgruppe feststellbar.

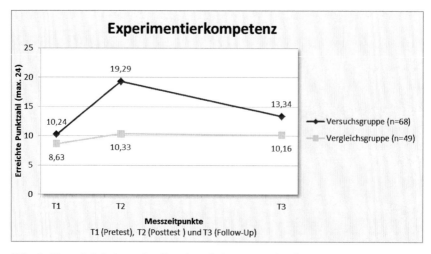

Abb. 6: Messwiederholung der Experimentierkompetenz im Gruppenvergleich (Pre-/Post-/Follow-Up-Vergleich) (PETER 2014, S. 91)

Diskussion

Im Querschnitt wird deutlich, dass das Kompetenzniveau von der Klassenstufe 5 zur Klassenstufe 7 signifikant ansteigt (5/6 p ‹ 0,001; 6/7 p = 0,002) (s. Abb. 4). Diese Befunde werden in vergleichbaren Studien aus der Biologiedidaktik ebenfalls beschrieben (GRUBE 2010; HOF 2011). GRUBE (2010) belegt zudem die Stagnation des Kompetenzgrades, bei HOF (2011) ausschließlich deskriptiv im Bildungsgang Realschule zwischen den Jahrgängen 8 und 9. Die Studien belegen jedoch nicht die Kompetenzabnahme der Klassenstufen 8. GRUBE (2010) beschreibt einen Effekt, nachdem niedrigere Jahrgänge (5 bis 7) signifikant effektivere Kompetenzentwicklungen im Vergleich zu höheren Jahrgängen (9 bis 10) im Laufe eines Jahres verzeichnen. Im Rückschluss wird eine besonders effektive Kompetenzentwicklung in den Jahrgängen 5 bis 7 vermutet. Allerdings kann damit nicht die deutlich Kompetenzabnahme der Klassenstufe 8 erklärt werden, so dass fachspezifische Gründe angenommen werden müssen. Diskussionsansatz bietet die Analyse des hessischen Lehrplans. Demnach wird Erdkunde in den Klassenstufen 7 und 8 in Realschulen nicht unterrichtet. Mögliche Parallelen zwischen fachspezifischen Kompetenzen sowie dem Stellenwert des Faches Erdkunde im hessischen Lehrplan werden deutlich. Integrierte Gesamtschulen in Hessen bieten das Verbundfach Gesellschaftslehre an, das aus Geographie und den gesellschaftswissenschaftlichen Fächern Politik/Wirtschaft und Geschichte konzipiert ist. Entsprechend den Lehrplänen liegt der thematische Schwerpunkt in den Klassenstufen 8, 9 und 10 im inhaltlichen Spektrum der Fächer Politik/Wirtschaft sowie Geschichte, so dass auch in diesem Kontext Parallelen zwischen Methodenkompetenz und fachspezifischen Lehrumfängen deutlich werden. Dennoch muss angemerkt werden, dass die Schülerinnen und Schüler in den Jahrgangsstufen 8 und 9 in Hessen verstärkt in den naturwissenschaftlichen Fächern unterrichtet werden und demnach angenommen werden könnte, dass sie Experimentierkompetenzen entwickeln konnten. Neben den Klassenstufeneffekten konnten schulartspezifische Effekte belegt werden (s. Abb. 5). Die Befunde entsprechen vergleichbaren Ergebnissen der naturwissenschaftlichen Kompetenzerhebungen (PISA-KONSORTIUM 2000, 2003, 2006, 2009; GRUBE 2010). Der niedrige Kompetenzgrad der Hauptschule mit signifikanten Unterschieden zur Realschule sowie zur integrierten Gesamtschule (jeweils p ‹ 0,001) deuten auf einen besonderen Förderbedarf hin. Aufgrund des vergleichbaren Kompetenzgrads der Realschule und Gesamtschule (d = 0,01, p = 0,89) konnten für die Hauptstudien (Interventionsstudie) Probanden der entsprechenden Schularten untersucht werden. Das Alter wurde anhand der Klassenstufe eingegrenzt. Basierend auf den Ergebnissen der Querschnittsanalyse (Normierungsstudie), wurde die Klassenstufe gewählt. So konnte die Voraussetzung gewährleistet werden, dass Erdkunde in der Stundenverteilung aller Treatmentgruppen (Versuchs- und Vergleichsgruppen) vorliegt.

Mit Blick auf die Kompetenzentwicklung (s. Abb. 6) wird deutlich, dass, ausgehend von einem vergleichbaren Ausgangsniveau im Pretest ohne signifikante Unterschiede zwischen den Gruppen (d = 0,35; p = 0,068), eine signifikant unterschiedliche Kompetenzentwicklung zu beiden Messzeitpunkten nachgewiesen werden kann (Pretest/Posttest p < 0,001; Pretest/Follow-Up p = 0,01). Die eingangs formulierte Hypothese wird somit bestätigt: Die Schülerinnen und Schüler der Versuchsgruppe (problemlösendes Lernen) haben ein höheres Kompetenzniveau (positiver Effekt) in der Methode des Experimentierens erreicht als die Probanden der Vergleichsgruppe (fragend-gelenkter Ansatz). Dies konnte zudem in der Langzeitwirkung belegt werden, auch wenn der Kompetenzgrad zum dritten Messzeitpunkt geringer ausgeprägt ist. Dennoch wird insgesamt die Effektivität des Ansatzes sowie der Methode belegt. Die Ergebnisse der PISA-Studien verdeutlichen für Lernende der Realschulen und integrierten Gesamtschulen mittelmäßige Kompetenzen im naturwissenschaftlichen Bereich (z. B. KLIEME ET AL. 2010, S. 190). Die vorliegende Studie belegt jedoch, dass die Probanden mit gezielter Förderung deutliche Kompetenzentwicklungen erreichen können, wobei Streuungen auch innerhalb der Bildungsgänge berücksichtig werden müssen. Dennoch verdeutlichen die Ergebnisse der Spitzenreiter der PISA-Erhebungen wie Finnland, dass eine adäquate naturwissenschaftliche Kompetenzförderung bei unterschiedlichen Ausgangsniveaus möglich ist. In Finnland wird eine unterdurchschnittliche Streuung (Finnland SD = 89 Punkte; OECD-Mittel SD = 94 Punkte) bei zugleich höchstem Rangwert (MW = 554) belegt (KLIEME ET AL. 2010, S. 185), so dass Lernenden auch in der breiten Masse ein hohes Kompetenzniveau erreichen können. Weiterhin kann der diffizile Umgang mit der Begrifflichkeit Erklärungsoptionen bieten. So zeigt LETHMATE (2003) in einer Schulbuchanalyse, dass die Mehrzahl der als Experiment ausgewiesenen Methoden nicht den Kriterien eines naturwissenschaftlichen Experiments entspricht. Fehlerhafte Methodenvorstellungen seitens der Lehrkräfte könnten resultieren, die wiederum an die Lernenden vermittelt werden. Verstärkt wird die Problematik durch die allgemein niedrige Praxisanwendung der Methode im Geographieunterricht (HEMMER, HEMMER 2010) sowie die geringere inhaltliche sowie methodische Verankerung im Lehrplan. Im hessischen Lehrplan der Realschule wird die Experimentiermethode nicht gefordert und fand erst im Zuge der 2007 neu konzipierten und 2012 verpflichtenden Bildungsstandards Berücksichtigung (DGFG 2007, S. 20). Dabei verdeutlichen die vorliegenden Ergebnisse die Effektivität der Methode. Lernende der Schularten Realschule bzw. integrierte Gesamtschule, die laut den PISA-Erhebungen nur mittelmäßige naturwissenschaftliche Kompetenzen erreichen, können bei angemessener Förderung hohe Kompetenzgrade verzeichnen.

Fazit

Erkenntnisprozesse verstehen, anwenden und reflektieren zu können stellt einen hohen Anforderungsbereich dar. Problemlösungsstrategien entwickeln und langfristig nutzen zu können sollte dabei das Ziel sein. Die Experimentiermethode bietet die Möglichkeit, diesen Forderungen im Geographieunterricht gerecht zu werden. Gerade das systematische Vorgehen der Experimentiermethode zur Problemlösung kann den Lernenden Strategien zum Vorgehen bieten und so einen Beitrag für den Erwerb von grundlegenden Kompetenzen im Bereich der geographischen Erkenntnisgewinnung darstellen. Die Studie verdeutlicht, dass der Unterrichtsansatz des problemlösenden Lernens insgesamt geeignet ist, die Methodenkompetenz des Experimentierens zu fördern. Um die Kompetenzentwicklung langfristig auf einem hohen Niveau zu halten, sollten jedoch kontinuierliche Förderungen erfolgen. Zur planmäßigen Kompetenzentwicklung ist die Konzeption von Kompetenzentwicklungsmodell maßgeblich. Dabei sollte im Sinne eines Spiralcurriculums die Experimentierkompetenz mit steigendem Schwierigkeits- und Komplexitätsniveau gefördert werden. Zudem muss der Weg geschaffen werden, die Methode verstärkt in die Unterrichtspraxis zu implementieren. Ein angemessener Umgang der begrifflichen Verwendung ist ebenso zu fordern wie die entsprechende methodische und systematische Umsetzung. Schulbücher und Arbeitsmaterialien sollten gemäß den Ergebnissen überarbeitet werden, so dass das Potenzial der Methode zukünftig genutzt und die naturwissenschaftliche Position der Geographie gestärkt werden können.

Literatur:

BREDDERMANN, T. (1983): Effects of activity-based elementary science on student outcomes: A quantitative synthesis. Review of Educational Research 53, S. 499-518.

CAREY, S., EVANS, R. (1989): An experiment is when you try it and see if it works: A study of grade 7 students understanding of the construction of scientific knowledge. International Journal of Science Education 11/5, S. 514-529.

CHEN, Z., KLAHR, D. (1999): All other things being equal: acquisition and transfer of the control of variables strategy. Child Development 70/5, S. 1098-1119.

DE JONG, T., VAN JOOLINGEN, W. R. (1998): Scientific discovery learning with computer simulations of conceptual domains. Review of Educational Research 68/2, S. 179-201.

DGFG (2007): Bildungsstandards im Fach Geographie für den Mittleren Schulabschluss. Berlin.

DRIELING, K. (2006): Der experimentelle Algorithmus. Das Beispiel Bodenversalzung. In: Praxis Geographie 36, Heft 11, S. 18-20.

EHMER, M. (2008): Förderung von kognitiven Fähigkeiten beim Experimentieren im Biologieunterricht der 6. Klasse: Eine Untersuchung zur Wirksamkeit von methodischem, epistemologischem und negativem Wissen. Kiel (Diss.).

GRUBER, C. (2010): Kompetenzen naturwissenschaftlicher Erkenntnisgewinnung. Untersuchung der Struktur und Entwicklung des wissenschaftlichen Denkens bei Schülerinnen und Schülern der Sekundarstufe I. Kassel (Diss.).

HAMMANN (2004): Kompetenzentwicklungsmodelle. Merkmale und ihre Bedeutung – dargestellt anhand von Kompetenzen beim Experimentieren. In: Der mathematische und naturwissenschaftliche Unterricht 57/4, S.196-203.

HASSELHORN, M., GOLD, A. (2009): Pädagogische Psychologie. Erfolgreiches Lernen und Lehren. Stuttgart.

HEMMER, I., HEMMER, M. (2010): Schülerinteresse an Themen, Regionen und Arbeitsweisen des Geographieunterrichts. Ergebnisse der empirischen Forschung und deren Konsequenzen für die Unterrichtspraxis. Geographiedidaktische Forschungen 46. Weingarten.

HOF, S. (2011): Wissenschaftsmethodischer Kompetenzerwerb durch Forschendes Lernen. Entwicklung und Evaluation einer Interventionsstudie. Kassel.

KLAHR, D., DUNBAR, K. (1988): Dual space search during scientific reasoning. In: Cognitive Science 12, S. 1.48.

KLIEME, E., ARTELT, C., HARTIG, J., JUDE, N., KÖLLER, O., PRENZEL, M., SCHNEIDER, W., STANAT, P. (2010): PISA 2009. Bilanz nach einem Jahrzehnt. Berlin: Download (05.06.2011): http://pisa.dipf.de/de/de/pisa-2009/ergebnisberichte/PISA_2009_ Bilanz_nach_einem_Jahrzehnt.pdf

LABUDDE, P. (2010): Fachdidaktik Naturwissenschaft. 1.-9. Schuljahr. Bern, Stuttgart, Wien.

LETHMATE, J. (2003): Sind „geographische Experimente" Experimente? In: Praxis Geographie 33, Heft 3, S. 42-43.

LETHMATE, J. (2006): Experimentelle Lehrformen und Scientific Literacy. In: Praxis Geographie 36, Heft 11, S. 4-11.

MANDL, H. (2003): Problemlösendes Lernen und Lehren. In: Praxis Schule, Heft 5, S. 8-11.

MAYER, J. (2007): Erkenntnisgewinnung als wissenschaftliches Problemlösen. In: KRÜGER ,D., VOGT, H. (Hrsg.): Theorien in der biologiedidaktischen Forschung. Ein

Handbuch für Lehramtsstudenten und Doktoranden. Berlin, Heidelberg, S. 177-187.

MAYER, J., ZIEMEK, H.P. (2006): Offenes Experimentieren. Forschendes Lernen im Biologieunterricht. In: Unterricht Biologie, Heft 317, S. 4-12.

MÖNTER, L. O. (2011): Die Verknüpfung von natur- und gesellschaftswissenschaftlicher Bildung – Alleinstellungsmerkmal des Geographieunterrichts? In: Geographie und Schule, Heft 191, S. 4-10.

MÖNTER, L.O., HOF, S. (2012): Experimente. In: HAVERSATH, J. B. (Mod.): Geographiedidaktik. Braunschweig, S. 289-313.

OTTO, K.-H. (2009): Experimentieren als Arbeitsweise im Geographieunterricht. In: Geographie und Schule, Heft 180, S. 4-15.

OTTO, K.-H., MÖNTER, L.O., HOF, S. (2011): (Keine) Experimente wagen? In: MEYER, C., HENRŸ, R., STÖBER, C. (Hrsg.): Geographische Bildung: Kompetenzen in Forschung und Praxis. Braunschweig, S. 98-113.

OTTO, K.-H., MÖNTER, L.O. (2009): Das „Scientific Discovery as Dual Search-Modell" - eine Theorie für die geographiedidaktische (Kompetenz-)Forschung? In: Geographie und ihre Didaktik. Journal of Geography Education 37, S. 136-141.

OTTO, K.-H., MÖNTER, L. O., HOF, S., WIRTH, J. (2010): Das geographische Experiment im Kontext empirischer Lehr-/Lernforschung. In: Geographie und ihre Didaktik. Journal of Geography Education 38, S. 133-145.

PETER, C. (2014): Problemlösendes Lernen und Experimentieren in der geographiedidaktischen Forschung: eine Interventions- und Evaluationsstudie zur naturwissenschaftlichen Kompetenzentwicklung im Geographieunterricht. Gießen 2014. (http://geb.uni-giessen.de/geb/volltexte/2014/10703/)

PISA-KONSORTIUM (Hrsg.) (2001): PISA 2000. Basiskompetenzen von Schülerinnen und Schülern im internationalen Vergleich. Opladen.

PISA-KONSORTIUM (Hrsg.) (2004): PISA 2003. Der Bildungsstand der Jugendlichen in Deutschland – Ergebnisse des zweiten internationalen Vergleichs. Münster.

PISA-KONSORTIUM (Hrsg.) (2007): PISA 2006. Die Ergebnisse der dritten internationalen Vergleichsstudie. Münster.

PISA-KONSORTIUM (Hrsg.) (2010): PISA 2009: Bilanz nach einem Jahrzehnt. Münster.

PRENZEL, M. , ARTELT, C., BAUMERT, J., BLUM, W., HAMMANN, M., KLIEME, E., PEKRUN, R. (2006): PISA 06. Die Ergebnisse der dritten internationalen Vergleichsstudie. Eine Zusammenfassung: Download (23.09.2012): http://pisa.ipn.uni-kiel.de/zusammenfassung_PISA2006.pdf

PRENZEL, M., PARCHMANN, I. (2003): Kompetenz entwickeln. Vom naturwissenschaftlichen Arbeiten zum naturwissenschaftlichen Denken. In: Unterricht Chemie 14, Heft 4, S. 15-17.

RINSCHEDE, G. (2007): Geographiedidaktik. Paderborn.

SCHECKER, H., PARCHMANN, I. (2006): Modellierung naturwissenschaftlicher Kompetenz. In: Zeitschrift für Didaktik der Naturwissenschaften 12, S. 45-66.

SHYMANSKY, J.A., HEDGES, L.V., WOODWORTH, G. (1990). A reassessment of the effects of inquiry-based science curricula of the 60's on student performance. Journal of Research in Science Teaching 27, S. 127–144.

SIMSEK, P., KABAPINAR, F. (2010): The effects of inquiry-based learning on elementary students' conceptual understanding of matter, scientific process skills and science attitudes. Procedia Social and Behavioral Sciences 2, S. 1190-1194.

VOGT, H., UPMEIER Z. BELZEN, A., SCHRÖER, T., HOEK, I. (1999): Unterrichtliche Aspekte im Fach Biologie, durch die Unterricht aus Schülersicht als interessant erachtet wird. In: Zeitschrift für Didaktik der Naturwissenschaften 5, Heft 3, S. 75-85.

WALPUSKI, M., KAMPA, N., KAUERTZ, A., WELLNITZ, N. (2008): Evaluation der Bildungsstandards in den Naturwissenschaften. In: Der mathematische und naturwissenschaftliche Unterricht 61, Heft 6, S. 323-326

WEINSTEIN, T., BOULANGER, F.D., WALBERG, H. J (1982): Science curriculum effects in high school. A quantitative synthesis. Journal of research in science teaching 19, S. 511-522.

Dr. Carina Peter
K.-Glöckner-Str. 21 G
35394 Gießen
carina.peter@geogr.uni-giessen.de

Angela Hof
Schlüsselkompetenz raumbezogenes Denken
Mehrwert von Geoinformationstechnologien für die geographische Lehre

Geoinformationstechnologien können zur Stärkung der Schlüsselkompetenz des raumbezogenen Denkens im Fach Geographie eingesetzt werden. Ausgehend von dieser Grundannahme, reflektiert der Beitrag die Literatur zur aktuellen Lehrpraxis in Fachwissenschaft und Fachdidaktik. Technikzentrierte Software- oder Geräteschulungen können kaum einen Mehrwert für die geographische Lehre erzielen. Dies gilt auch, wenn Geoinformationstechnologien oder mobile Endgeräte um ihrer selbst willen eingesetzt werden. Aus fachwissenschaftlicher Perspektive wird aufgezeigt, durch welche aktuellen Entwicklungen sich der Geographie Gelegenheiten bieten, Geoinformationstechnologien und Basiskonzepte des Fachs zu verknüpfen und dadurch raumbezogenes Denken in Lehrveranstaltungen zu fördern. Als Praxisbeispiel wird die Umsetzung eines mobilen, ortsbezogenen Lehrkonzepts mit Geographiestudierenden beschrieben. Der im Praxisbeispiel verfolgte Ansatz wird bezogen auf die praktische und methodisch-didaktische Umsetzung des Lehrprojekts dargestellt und die Teilschritte der Planung und Umsetzung werden reflektiert. Abschließend werden Chancen und Grenzen des Einsatzes von Geoinformationstechnologien diskutiert. Im Sinne der Ergänzung der Lehre und der Vielfalt des Lehrangebots auf thematischer und methodischer Ebene wird für eine offene, positive Grundhaltung plädiert.

Begründungen für den Mehrwert von Geoinformationstechnologien für die geographische Lehre

Ein Großteil der Informationen, mit denen wir uns täglich auseinandersetzen, hat einen räumlichen und sogar lokalen Bezug. Geocaching und Geotagging werden immer populärer, eine neue Betonung gesellschaftlicher Räumlichkeit ist feststellbar. Mobiles und dadurch ubiquitäres Internet und die Massentauglichkeit von Geräten mit Standorterkennung führen zu verstärkter Beachtung und auch Produktion digitaler geographischer Information. So prägte der Horizon Report schon im Jahr 2009 den Begriff *Geo-Everything*. Der jährlich erscheinende Horizon Report richtet sich als Informationsquelle an Entscheidungsträger aus Bildung und Politik und an Lehrende und erläutert, wie sich neue Schlüsseltechnologien auf Lehre und Lernen auswirken und zu welchem voraussichtlichen Zeitpunkt sie allgemein gebräuchlich werden. *Geo-Everything* betont, dass es das Allumfassende ist, was diese Gruppe von Technologien interessant macht und was aus ihnen so sehr einen Teil unseres Lebens machen wird (JOHNSON et al. 2009, S. 15). Diese rasanten Entwicklungen bieten dem Fach Geographie aktuell Chancen, für innovative fachliche Zugänge zu Geoinformationstechnologien didaktische Konzepte zu entwickeln und die Stärkung der Schlüsselkompetenz des raumbezogenen Denkens mit Geoinformationstechnologien in der

Lehre weiterzuentwickeln. Die Geographie als klassische Raumwissenschaft, deren Gegenstand raumbezogene Phänomene sind, sollte in der Lehre Geoinformationstechnologien und mobiles, ortsbezogenes Lernen aufgreifen und entsprechende Kompetenzen fördern und sollte das Feld nicht anderen Disziplinen überlassen. Das aktuelle Selbstverständnis positioniert die Geographie als Brückenfach am Schnittfeld von Natur- und Geisteswissenschaft. Humangeographie und Physische Geographie werden durch die Gesellschafts-Umweltforschung als dritte Säule ergänzt und miteinander verschränkt (GEBHARDT et al. 2011). Das Theoriegebäude der Geographie bietet sich an, die Schlüsselkompetenz des raumbezogenen Denkens integrativ in der universitären Ausbildung zu vermitteln, auch mit Blick auf das Schulfach Erdkunde. Geoinformationstechnologien können dabei als unterstützende, ermöglichende digitale Medien eingesetzt werden, um geographische Basiskonzepte und Umweltthemen in die Lebens- und Alltagswelt von jungen Erwachsenen zu transportieren und ihrer Mediennutzung gerecht zu werden.

Die Schlüsselkompetenzen raumbezogenes Denken und *spatial thinking* im Vergleich

Raumbezogenes Denken ist eine zentrale geographische Kompetenz. Zentrale kompetenzorientierte geographische Lernziele sind das raumbezogene Denken und Verstehen, das in einer systemischen, mehrperspektivischen Betrachtungsweise fußt, die natur- und gesellschaftswissenschaftliche Bildung verknüpft und zu natur- und sozial-raumgerechten Handeln befähigt (DGFG 2010; HEMMER 2011).

Das geographische raumbezogene Denken unterscheidet sich vom *spatial thinking* durch seine explizite Fachbezogenheit (UHLENWINKEL 2013). Geographisches raumbezogenes Denken greift auf Fakten- und Theoriewissen zurück. Die Theoriebildung untermauert den Umgang mit Geoinformationstechnologien fachlich. Die Theoriebildung basiert dabei auf der Idee eindeutiger räumlicher Beziehungen, die in Geographischen Informationssystemen (GIS) durch Analyse raumbezogener Daten untersucht werden. Die Vorstellung von eindeutigen räumlichen Beziehungen mündet in der Geographie in der Beobachtung räumlicher Gegebenheiten, der Erhebung relevanter Daten oder ihrer gezielten Generierung aus vorhandenen Daten, um sie mit Methoden der Geodatenanalyse in Hinblick auf räumliche Muster auszuwerten. Geographische Informationssysteme stellen eine Vielzahl induktiver, mathematischstatistischer Verfahren zur Generierung neuer Informationen aus raumbezogenen Daten zur Verfügung. Distanz und Lage im Raum sind wichtige, vielen Analysewerkzeugen und Algorithmen zugrunde liegende Kriterien der Analyse geographischer Prozesse, Muster und Zusammenhänge. Der Raumbezug der Daten ist damit eine zentrale Eigenschaft und die Analyseergebnisse verändern sich, wenn sich die Position der zu analysierenden räumlichen Objekte verändert.

Geographisches raumbezogenes Denken weist jedoch über Zugänge aus der Raumstrukturforschung, analytisch-szientistische oder positivistische Raumkonzepte hinaus. Eine Inklusion oder zumindest Offenheit gegenüber konstruktivistischen

Raumverständnissen erweitert das Konzept des raumbezogenen Denkens für inter-
pretativ-verstehende oder diskursanalytische Zugänge zu Phänomen im Raum. Zu
diesem Verständnis gehört, dass raumbezogene Daten, Informationen und Darstellungen als dual kodiert und kodierbar verstanden werden: sie sind sowohl als Ergebnis als auch Repräsentanz von subjektiver Raumaneignung, kollektiver Bedeutungs-
herstellung, Konstruktionen geographischer Wirklichkeiten und imaginierten Räumen
bzw. Raumzuschreibungen denkbar. Es sind Erdansichten, die symbolische Bezüge,
Gedankenwelten und Sehgewohnheiten medial aufgreifen und technisch hochinno-
vativ umsetzen (z.B. digitale Globen), unseren Aufenthaltsort mit kontext- und orts-
bezogener Information verknüpfen (Location Based Services, Points of Interest) oder
uns bei der Orientierung und zielgerichteter Bewegung im Raum unterstützen (GPS-
Navigationsgeräte). Die allumfassende Förderung raumbezogenen Denkens beinhaltet demnach auch die kritisch-reflexive Auseinandersetzung mit Geoinformationstechnologien und deren gesellschaftlichen und sozialen Implikationen.

Welche überfachlichen Dimensionen raumbezogenes Denken im Sinne des *spatial
thinking* umfasst, wird in folgender Begriffsdefinition deutlich, die sich auf einen um-
fassenden Bericht des NATIONAL RESEARCH COUNCIL (NRC 2006) der USA bezieht:
*„Spatial thinking is a cognitive skill that can be used in everyday life, the workplace,
and science to structure problems, find answers, and express solutions using the
properties of space. It can be learned and taught formally to students using appropri-
ately designed tools, technologies, and curricula"* (zit. n. NAS 2013, o.S.). Hier ist in
erster Linie das geometrische Raumverständnis im Rahmen anderer Formen des
Denkens gemeint.

**Die Bandbreite relevanter Geoinformationstechnologien für die geographische
Lehre und Herausforderungen ihres gezielten Einsatzes**

Zu den klassischen Geoinformationstechnologien zählen: das GNSS, Global Navigation Satellite System, z.B. das Global Positioning System (GPS), die Fernerkundung
und Geographische Informationssysteme, GIS (GOODCHILD 1997). Neben das klassische GIS sind neuere, im analytischen Funktionsumfang reduzierte Anwendungen
wie WebGIS, virtuelle Globen und Geo-Apps getreten, die zum Beispiel für das Geocaching genutzt werden können. Diese Anwendungen werden unter dem Sammel-
begriff Geomedien zusammengefasst (MICHEL, SCHUBERT 2013). Geomedien und
digitale Geographische Information im weitesten Sinne sind Teil unserer Alltagswelt
geworden. Durch Navigationsfähigkeit, Mobilität und Flexibilität werden mobile Endgeräte zum Träger und durch Interaktivität und Multimedialität zum Produktionsmittel
für digitale Geographische Information. Die Durchdringung der Alltagswelt mit Geomedien liegt auch darin begründet, dass sich diese Technologien und Benutzerober-
flächen der Gedankenwelt der Anwender angepasst haben (BARTELME 2005). Symbolische Bezüge (kognitive Bezüge als Basis für ein *spatial-temporal reasoning*, z.B.
‚in der Nähe von') und Zeitbezüge lassen sich mit den Geomedien leicht herstellen

und es gilt *„the power of the visual over the verbal"* (ENEMARK, RAJABIFARD 2011, S. 8).

Die Herausforderung für die geographische Lehre besteht im sinnvollen und gezielten Einsatz der Geoinformationstechnologien und ihrer Einbindung in raumbezogene didaktische Konzepte. Im Hinblick auf diese Aspekte hat die Geographiedidaktik auf Defizite in der aktuellen Geographischen Hochschullehre aufmerksam gemacht, indem, ausgehend von den schulischen Befunden, der kritische Blick auf die universitäre Lehre gerichtet wurde. Ein empirischer Befund ist, dass in der Ausbildung von Erdkundelehrern zu stark Wert gelegt wird auf die technische Handhabung von GIS und zu wenig auf die didaktisch-methodische Integration im Unterricht (SCHUBERT et al. 2012). Dieser Mangel ist für die (noch) vorherrschende GIS-Ausbildung auf breiter Front beobachtbar und wird gemeinhin – und für ein universitäres Niveau wenig schmeichelhaft – mit technikzentrierter Softwareschulung bzw. *„rote button-pushing"* umschrieben (GOODSCHILD, JANELLE 2010, S. 9). Eine kompetenzorientierte Herangehensweise an das Lernen mit GIS bedeutet hingegen, die Anwendung von GIS in verschiedenen fachlichen Zusammenhängen und Anwendungssituationen zur Lösung raumbezogener Frage- und Problemstellungen einzubetten (HOF 2012; SCHULZE et al. 2012).

Selbst wenn Lehrende motiviert sind, diesen Appellen zu folgen, so finden sie derzeit kaum Handreichungen oder Handlungsempfehlungen für die praktische Umsetzung. Vor diesem Hintergrund ist die aktuelle Diskussion um den neuesten Trends des mobilen, ortsbezogenen Lernens (LUDE et al. 2013) instruktiv, denn hier werden ähnliche Herausforderungen thematisiert, wie sie aus der Geographischen Hochschullehre mit GIS im vorangegangenen Absatz skizziert werden. Wesentlich am Konzept des mobilen, ortsbezogenen Lernens ist ein Lernverständnis, bei dem Erkenntnis und Verstehen stets an den Ort, die Umgebungsbedingungen, an Kontext oder reale Situationen gebunden ist, beispielsweise der Zusammenhang zwischen morphologischen Anpassungen von Pflanzen und den Standortbedingungen an ihren Wuchsorten. Mobiles, ortsbezogenes Lernen bezieht mobile Endgeräte ein, die am Ort relevante oder benötigte Informationen abrufbar machen. Mobilität meint hier sowohl die Flexibilisierung und Individualisierung des Informationsabrufs als auch die Flexibilisierung des Lernprozesses. Insofern stellt mobiles, ortsbezogenes Lernen zunächst einfach eine Erweiterung des E-Learnings dar.

Die Potenziale aus geographischer Sicht bestehen in der Kombination des Standorts (über GPS-Koordinaten) mit über Internet bedarfs- und zeitgerecht abrufbaren Informationen und Lernaufgaben. Darüber hinaus besteht das Potenzial, durch die Einbindung dieser technischen Hilfsmittel und Medien in inhaltlich orientierte Aufgabenstellungen vor Ort das raumbezogene Denken, die Umweltbildung und Naturerfahrung zu befördern. Besondere Bedeutung wird dabei der vollen Ausschöpfung der Multimedialität und der technischen Möglichkeiten beigemessen, beispielsweise der Nutzung von QR-Codes und dem Einsatz von *augmented reality*, um den Ortsbezug der Informationen herzustellen (MICHEL 2013). QR-(Quick Response)-Codes dienen der zweidimensionalen grafischen Verschlüsslung von beliebigen Zeichen (Text, Zahlen, Weblinks). Die QR-Codes werden mit einem mobilen Endgerät (Smartphone, ein Mobiltelefon mit erweiterter Computerfunktionalität und -konnektivität oder Tablet-PC, einer Mischung aus Computer und Smartphone) gescannt bzw. fotografiert und mit einer App (Software) decodiert, so dass auf die mit dem QR-Code verschlüsselten Informationen zugegriffen wird. Als Erweiterte Realität oder *augmented reality* wird eine computergestützte Wahrnehmung bezeichnet, bei der sich reale und virtuelle Welt überlagern. Über den Ausschnitt der gerade betrachteten realen Welt werden in Echtzeit zum Beispiel Textinformationen und Grafiken eingeblendet.

Aktuell dominiert jedoch bei der Mehrzahl der Angebote für mobiles, ortsbezogenes Lernen die GPS-Nutzung. Bisher ist die Nutzung von Smartphones und anderen mobilen Endgeräten ebenso gering wie die Verwendung von QR-Codes und *augmented reality*. Auch das Potenzial der Komplexität der Themen wird kaum ausgeschöpft, obschon die mobilen Endgeräte hier vielfältige Möglichkeiten des Informationszugriffs und der Kommunikation eröffnen. Diese reichen von mobilen Datendiensten (SMS, MMS und vor allem mobiles Internet) bis hin zum Einsatz von Sozialen Medien, das sind digitale Technologien und Medien wie Weblogs, Wikis, soziale Netzwerke, über die Nutzerinnen und Nutzer miteinander kommunizieren und Inhalte austauschen können. Der Großteil der Angebote orientiert sich (noch) an Bildungsrouten und setzt diese mit GPS-Geräten um und bei vielen Angeboten fehlt eine fachdidaktische Evaluation (LUDE et al. 2013).

Im Folgenden wird ein mobiles, ortsbezogenes Lehrkonzept vorgestellt, das Geoinformationstechnologien (GPS-Funktionalität), Geocaching, QR-Codes und mobile Endgeräte für die Umsetzung eines GPS-basierten Lehrpfads nutzt. Der Lehrpfad wurde von und mit Geographiestudierenden erarbeitet und orientiert sich an einer Bildungsroute, die aber im Ergebnis darauf basiert, dass Geoinformationstechnologien mit expliziter Fachbezogenheit und im Hinblick auf die Förderung des geographischen raumbezogenen Denkens eingesetzt werden.

Praxisbeispiel für die Umsetzung eines mobilen, ortsbezogenen Lehrkonzepts: eGeoTrüffel – Nature Geocaching meets eLearning an der Ruhr-Universität Bochum

Das Projekt eGeoTrüffel ist das Ergebnis einer Umsetzung eines Lehrpfads durch Geographiestudierende im Rahmen einer Lehrveranstaltung an der Ruhr-Universität Bochum (HOF et al. 2012). Der GPS-basierte Lehrpfad führt durch das Naturschutzgebiet Tippelsberg/Berger Mühle im nördlichen Stadtgebiet und bietet eine neue Möglichkeit, die Natur mit einem mobilen Endgerät vor Ort zu entdecken. An 14 Standorten, die über GPS-Koordinaten und die vor Ort angebrachten eGeoTrüffel-Plaketten (Abb. 1) aufzufinden sind, erfahren die Besucher mehr über den einzigartigen Charakter und die naturräumliche Besonderheit des Naturschutzgebietes.

Nächster Standort:
N 51°30,809' / E 007°13,567'
2585161 / 5709487

Abb. 1: eGeoTrüffel-Plakette des ersten Standorts des Lehrpfads – über den QR-Code auf der Plakette wird mit einem mobilen Endgerät auf den Video-Podcast zugegriffen

In seiner Gesamtheit thematisiert der Lehrpfad vorrangig landschafts- und stadtöko-logische Inhalte und Zusammenhänge (Tab. 1). Die einzelnen Informationen sind online als Video-Podcasts hinterlegt und können via QR-Codes auf den Plaketten mit dem mobilen Endgerät abgerufen werden, um eine Video-Erklärung der Standorte, der naturräumlichen Besonderheiten und der Biodiversität live und direkt im Gelände zu erhalten.

Im Wahlkurs für Bachelorstudierende Geographie (6 Credit Points, angeboten im 2. und 3. Studienjahr) erarbeiteten Seminarteilnehmer den GPS-basierten Lehrpfad, bei dem Inhalte nicht durch bebilderte Texttafeln, sondern über selbst produzierte Video-Podcasts multimedial vermittelt werden. Der Projektname eGeoTrüffel verweist da-rauf, dass diese Video-Podcasts besonders wertvolle und erklärungswürdige Orte vorstellen und dieses Konstrukt – eGeoTrüffel – nur aus dem konkreten Zusammen-spiel von realem Weltausschnitt/Standort, multimedialem, über GPS-Koordinaten verortetem Inhalt und *user generated content* entsteht. Werden Geocacher durch die GPS-Koordinaten zu dem Standort geleitet und finden nach der Lösung eines kleinen Rätsels die Plaketten mit den QR-Codes, so müssen sie lediglich den QR-Code mit einem geeigneten mobilen Endgerät decodieren. Dazu wird der QR-Code mit einer Applikation (App) fotografiert und gescannt und die App baut umgehend eine Verbin-dung zu einer Internetseite auf und von dort wird der Video-Podcast geladen.

Tab. 1: Reihenfolge der eGeo-Trüffel entlang des Geocaching-Lehrpfads in Bochum

Standort Nr.	Thema	Koordinaten
1	Einführung	N 51°30.871 / E 007°13.510 2585093 / 5709601
2	Unterer Stembergteich	N 51°30.809 / E 007°13.567 2585161 / 5709487
3	Dorneburger Mühlenbach	N 51°30.767 / E 007°13.726 2585346 / 5709413
4	Röhricht	N 51°30.753 / E 007°13.803 2585436 / 5709387
5	Nasswiesenbrache	N 51°30.745 / E 007°14.091 2585769 / 5709379
6	Totholz	N 51°30.937 / E 007°14.174 2585859 / 5709737
7	Lösshohlweg	N 51°31.029 / E 007°14.279 2585978 / 5709909
8	Castroper Höhenschotter (Auf dem Berge)	N 51°30.849 / E 007°14.437 2586166 / 5709579
9	Feuersalamander	N 51°30.682 / E 007°14.087 2585767 / 5709262
10	Buchenwald	N 51°30.621 / E 007°14.121 2585807 / 5709149
11	Auenwald u. Riesenschachtelhalm	N 51°30.601 / E 007°14.041 2585715 / 5709110
12	Tippelsberg - allgemein	N 51°30.630 / E 007°13.611 2585217 / 5709156
13	Sukzession u. Neophyten	N 51°30.536 / E 007°13.762 2585395 / 5708985
14	Ausblick und Emschertal	N 51°30.435 / E 007°13.624 2585239 / 5708794

78

Die Podcast-Inhalte sind nur in Verbindung mit der an den Standorten vorgefunden Naturkulisse zuzuordnen und bleiben ohne den Bezug zum Gelände unverständlich und unvollständig. Die zeit- und aufgabenorientierte Darstellung des Lehrprojekts zeigt die strukturierte Abfolge unterschiedlicher Lernaktivitäten zur Förderung selbstgesteuerten Lernens und macht deutlich, dass studentische Aktivität, das Lernen von Methoden durch ihre Anwendung, Medienkompetenz und ‚Können statt Wissen‘ zentrale Aspekte dieser Lehrveranstaltung sind (Abb. 2).

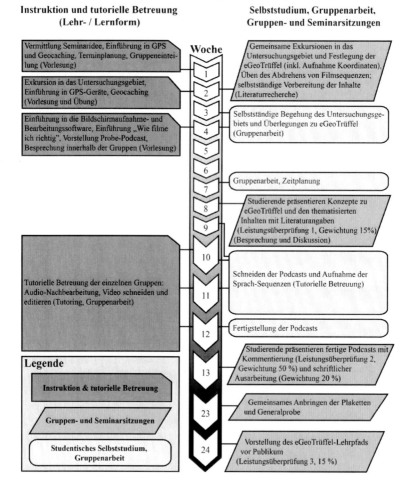

Abb. 2: Projektplan der Lehrveranstaltung eGeoTrüffel – *Nature Geocaching meets eLearning* im Bachelorstudiengang Geographie am Geographischen Institut der Ruhr-Universität Bochum

Aus Perspektive der intendierten Lernziele und der methodisch-didaktischen Umsetzung stand nicht das Abprüfen geographischen Faktenwissens aus vorausgegangenen Semestern im Vordergrund, sondern die Anwendung dieses Wissens auf konkrete Raumausschnitte und geographische Phänomene (HOF et al. 2012). Bei der Konzeption und Umsetzung der eGeoTrüffel wird raumbezogenes Denken eingeübt. Dabei stehen geographische Konzepte wie Ort, Raum und Maßstab im Zentrum, durch die die geographische Sicht auf die Welt beschrieben wird. Der Raum wird nicht in erster Linie geometrisch verstanden, sondern als Ergebnis der Wechselbeziehungen zwischen dem natürlichen System, der Umwelt und dem sozialen System Gesellschaft. Die Berücksichtigung fachdidaktischer Prinzipien ist dabei erkennbar: u.a. Maßstabswechsel, Einheit von physisch-geographischer und anthropogeographischer Betrachtungsweise, Einheit von Struktur und Prozess. Leitfragen bei der Entwicklung der eGeoTrüffel sind: Was gibt es wo zu entdecken, was übersieht das ungeübte Auge und wo schärft der geographische Blick unsere Fähigkeit, die Umwelt zu begreifen? Mit anderen Worten: Es gilt Lösungen für die Frage zu erarbeiten, wie man Umweltbildung mit einem zeitgemäßen, multimedialen Format realisieren kann. Über die durch QR-Codes verorteten Video-Podcasts, auf die Besucher des Lehrpfads vor Ort im Gelände zugreifen, werden technische Möglichkeiten ausgelotet, viele verschiedene online zugängliche Quellen mit einzubeziehen. Dadurch können zeitliche (z.B. historische oder saisonale) oder gesellschaftliche Aspekte direkt vor Ort viel besser eingebunden werden. Im Rahmen der Leistungsüberprüfung wird die konzeptionelle und kreative Umsetzung der jeweiligen eGeoTrüffel-Idee (multimedial, textlich, Folienpräsentation) geprüft und bewertet, wobei Vorlesungen, Übungen, Anschauungsmaterial und praktische Betreuung die Studierenden in der Umsetzungsphase unterstützen (Abb. 2). Die Beteiligung der Studierenden an diesem selbständigen und aktiven Lernprozess, an dessen Ende sie ein eigenes Produkt (den eGeoTrüffel Lehr- und Geocaching-Pfad) erstellt haben, erzeugt hohe intrinsische Motivation. Außerdem wird die Motivation der Beteiligung dadurch gefördert, dass der Lehrpfad in das Naturtourismus-Angebot der Stadt einfließt und der Landschaftsbeirat Bochum das Projekt befürwortete. Die Gratwanderung zwischen motivationalen Aspekten und der inhaltlich komplexen Ausrichtung des Lehrpfads muss bei solchen Lehrveranstaltungen in Kauf genommen werden. Dem potenziellen Problem der zu starken Fokussierung der Teilnehmer auf Geräte und Technologien kann am besten durch gezielte, inhaltlich orientierte Aufgabenstellungen vor Ort begegnet werden (LUDE et al. 2013).

Was bislang fehlt, ist eine fachdidaktische Evaluation, mit der die Erreichung der Lernziele auf Seiten der Studierenden einerseits und auf Seiten der Besucher andererseits eingeschätzt werden kann. Solche Evaluationen wären ein wichtiger und wünschenswerter Bestandteil der Optimierung und Weiterführung des Angebots.

Bildet man die Umsetzung des eGeoTrüffel-Lehrpfads auf die von LUDE et al. (2013) vorgestellten didaktischen Drehbücher ab, so lassen sich die Projektinhalte den im Wesentlichen drei größeren Schritten zuordnen, die bei der Planung von mobilen, ortsbezogenen Umweltbildungsangeboten zu berücksichtigen sind. Der Planungsprozess beginnt mit der Zieldefinition des Angebots, aus der sich ergibt, welche (Lern-)Handlungen bei den Nutzern notwendig sind. Außerdem fließen die Voraussetzungen der Nutzer, die Rahmenbedingungen und Ressourcen des Anbieters in die Planung ein. Der eGeo-Trüffel-Lehrpfad ist ein eher informelles Umweltbildungsangebot für Alltag und Freizeit in einem beliebten Naherholungsgebiet. Differenzierte Lernziele für die interessierte Öffentlichkeit spielen daher eine untergeordnete Rolle. Differenzierte Lernziele für die Studierenden sind in erster Linie das Einüben raumbezogenen Denkens, der Aufbau von Medienkompetenz im Umgang mit Geoinformationstechnologien und die Entwicklung der Fähigkeit, ein Projekt zur Umweltbildung zu planen, durchzuführen und zu dokumentieren. Anhand der Auflistung der einzelnen Teilschritte in Form eines didaktischen Drehbuchs wird der konkrete Prozess der Planung dieses mobilen, ortsbezogenen Lern- und Informationsangebotes deutlich (Tab. 2). Der erste Teilschritt zur Planung besteht in der sachlichen Klärung des Lerngegenstands und der didaktischen Strukturierung, bei der die Fachinhalte, die Zielüberlegungen und die Voraussetzungen der Lernenden aufeinander zu beziehen und durch Anpassung der inhaltlichen Struktur und methodischen Komplexität des Projekts zu berücksichtigen sind. Im darauffolgenden Teilschritt der methodischen Umsetzung wird diese Struktur in konkretes methodisches Handeln übersetzt. Bereits zu Beginn des Planungsprozesses spielen die Rahmenbedingungen eine Rolle, ihre Klärung und Dokumentation steht unmittelbar mit den beiden anderen Teilschritten der Planung in Verbindung (LUDE et al. 2013). Die zeit- und aufgabenorientierte Darstellung des Lehrprojekts zeigt die strukturierte Abfolge unterschiedlicher Lernaktivitäten, die sich aus dem didaktischen Drehbuch bei der konkreten Umsetzung in einer Lehrveranstaltung ergaben (Abb. 2).

Tabelle 2: Tabellarische Darstellung des didaktischen Drehbuchs für das eGeo-Trüffel-Lehrprojekt (Terminologie der Planungsschritte nach LUDE et al. 2013)

Zielgruppe und deren Voraussetzungen	Ziele der Maßnahme	Lernhandlungen und Umsetzungsstruktur	Rahmenbedingungen
Bachelor-Studierende der Geographie Grundlegende Methoden der Geländearbeit bekannt Grundlegende Kenntnisse zur Orientierung mit GPS-Geräten	Inhaltsbezogen: Kenntnis der lokalen Biodiversität auf der Ebene der Artenvielfalt und der Vielfalt an Lebensgemeinschaften und Ökosystemen im Raum; Kenntnis landschafts- und stadtökologischer Zusammenhänge und der damit korrespondierenden lokalen Standortvielfalt; Integration von physisch-geographischer und	Studierende identifizieren naturräumliche, historische und ökologische Besonderheiten des Naturschutzgebiets; sie suchen unter Beachtung des Wegegebots Standorte aus, für die sie mit Video-Podcasts für mobile Endgeräte geographische Informationen aufbereiten und abrufbar machen, indem sie QR-Codes erstellen und einsetzen Nutzer suchen die Standor-	Videokameras, Stative, Smartphones und GPS-Geräte stehen den Studierenden am Geographischen Institut der Ruhr-Universität Bochum zur Verfügung; notwendige Software steht zur Verfügung, notwendige Apps sind installiert

Geringe Kenntnisse im Filmen und im Erstellen von Video-Podcasts	anthropogeographischer Betrachtungsweise Methodenkompetenz: Selbständige Standortwahl; Geographische Informationen zu den landschaftlichen Besonderheiten (Artenvielfalt, Ökosystemvielfalt, Standortvielfalt) im für die Naherholung genutzten Naturschutzgebiet Tippelsberg / Berger Mühle in Bochum adressatengerecht aufbereiten (interessierte Öffentlichkeit); Berücksichtigung geographischer Konzepte wie Ort, Raum und Maßstab bei der inhaltlichen Ausgestaltung der Video-Podcasts zu den Standorten (eGeo-Trüffel)	te (eGeoTrüffel-Video-Podcasts in Kombination mit dem Standort) unter Beachtung des Wegegebots im Naturschutzgebiet auf, die Koordinaten zu den einzelnen Standorten sind Bestandteil der einzelnen eGeoTrüffel, alle eGeoTrüffel zusammen bilden einen Multicache, am Standort suchen und finden die Nutzer den QR-Code über GPS-Koordinaten, über den QR-Code wird der Video-Podcast aufgerufen	Lehrende wählen ein geeignetes Gebiet, erstellen Vorschläge für Standorte und Themen; Lehrende sind mit den Geräten und der notwendigen Software vertraut Lehrende informieren Akteure, Behörden und Beteiligte, um eventuell notwendige Genehmigungen einzuholen und Akzeptanz zu schaffen, sowie ideelle oder materielle Unterstützung für das Projekt zu erhalten
	Sozialkompetenz: Verantwortungsübernahme für Teilaufgaben im Gruppenprojekt und beim Teilen von Arbeitsmaterialien, mobilen Endgeräten und beim Teilen von Informationen		
	Medienkompetenz: Geographische Informationen in Bild, Text, Ton und Video angemessen darstellen; Ortsbezug von Informationen im Gelände herstellen		
	Ortsbezug: leicht realisierbar, da ortsbezogene Entdeckungen im Naturschutzgebiet unter Beachtung des Wegegebots gut möglich sind (Betreten nur auf gekennzeichneten und befestigten Wegen)	QR-Code mit Link zum Video-Podcast auf dem RUBcast-Portal für Veranstaltungsaufzeichnungen an der Ruhr-Universität Bochum	

Diskussion und Fazit

Die als Leitgedanke diesen Beitrag prägende Grundüberzeugung lautet: digitale Medien prägen nicht nur den Alltag, sondern können auch Lehren und Lernen nachhaltig verändern. Dieser Gedanke wird auf die geographische Lehre übertragen, denn hier ergeben sich aktuell neue Perspektiven durch die Nutzung von Geoinformationstechnologien. Damit ist längst nicht mehr nur GIS gemeint, sondern eine breite Palette von Anwendungen, die es ermöglichen, geographische Inhalte und Themen multimedial und ortsbezogen zu nutzen und verfügbar zu machen.

Die Diskussion über den Mehrwert, die Chancen, die Risiken und die Grenzen des Einsatzes von Geoinformationstechnologien und mobilen Endgeräten in Umweltbildungsangeboten und der Lehre spiegelt im Grunde die immer gleichen Argumente wider. Die Tatsache, dass digitale Medien den Alltag prägen, wird sowohl als Begründung gegen als auch für ihren Einsatz angeführt. Auf ihren Einsatz zu verzichten hält den Blick für das Wesentliche frei. Der gezielte Einsatz hingegen verspricht, über den Hebel des Anschlusses an die Alltags- und Lebenswelt junger Erwachsener motivationale Effekte für die Beschäftigung mit bestimmten Themen zu erreichen. Daraus wird ersichtlich, dass wie bei allen sogenannten neuen Medien letztendlich die sinnvolle und gezielte Einbindung in didaktische Konzepte entscheidend ist.

Der Mehrwert des Einsatzes von Geoinformationstechnologien besteht in der Ergänzung traditioneller Lehre und im Beitrag zur Vielfalt des Lehrangebots auf thematischer und methodischer Ebene. Mobile Endgeräte und Datendienste befördern den Zugang und die Nutzung von Geomedien, die viel mehr als GIS Anschlussfähigkeit an die Gedankenwelt der Anwender besitzen und deren Nutzerfreundlichkeit und Bedienbarkeit weit über die der Softwarelösungen für Geographische Informationssysteme hinausgehen. Dies ist nicht verwunderlich, denn schließlich wurden GIS nicht als Werkzeuge zur Förderung der Methoden- oder Medienkompetenz von Schülern oder Studierenden entwickelt, sondern als rechnergestützte Systeme zur Bearbeitung raumbezogener Daten. Gerade diese Komplexität der Anforderungen an GIS-Software hat sicher zur Dominanz technikzentrierter Softwareschulungen in der Lehre beigetragen, dies ist aber für Geoinformationstechnologien im weiteren Sinne und für Geomedien nicht zu befürchten.

Das hier vorgestellte Praxisbeispiel zeigt, dass ortsbezogene geographische Informationen durch Verwendung von QR-Codes im Kontext eines Lehrpfads mobil bereitgestellt werden können und dass diese Informationen von den Studierenden sogar selbst erarbeitet werden können. Die Geoinformationstechnologien und mobilen Endgeräte werden nicht um ihrer selbst willen eingesetzt, sondern bieten den didaktischen Mehrwert, die Erreichung verschiedener inhalts- und kompetenzbezogener Ziele zu unterstützen. Denkt und versteht man die abrufbaren ortsbezogenen geographischen Informationen als Form des E-Learning, so können sie beispielsweise für die im Wortsinn ausgelagerte Wissensvermittlung im Gelände genutzt werden, wobei die Studierenden selbst über die zeitliche Nutzung des Lehrangebots entscheiden können. In der Präsenzlehrveranstaltung kann dann mehr Zeit für die

Übung im raumbezogenen Denken zur Verfügung stehen. Die positive Grundeinstellung sollte aber den Blick auf die Nachteile nicht versperren. Ein hoher Technikaufwand und eine gewisse IT- und E-Learning-Infrastruktur sind erforderlich und die Qualität der ortsbezogenen geographischen Informationen muss geprüft werden. Unabhängig davon kann dem Arbeiten mit Geoinformationstechnologien insgesamt ein hohes Motivationspotenzial unterstellt werden. Daneben besteht ihr großer Mehrwert für die geographische Lehre in der geomedialen Unterstützung einer systemischen, mehrperspektivischen Betrachtungsweise, die die Grundlage für raumbezogenes Denken als geographische Schlüsselkompetenz darstellt.

Danksagung

Das Lehrprojekt *eGeoTrüffel – Nature Geocaching meets eLearning* wurde vom Rektorat der Ruhr-Universität Bochum im Rahmen des universitätsweiten E-Learning-Wettbewerbs RUBeL 5x5000 gefördert.

Literatur:

BARTELME, N. (^{4}2005): Geoinformatik. Modelle, Strukturen, Funktionen. Berlin.

DGFG (DEUTSCHE GESELLSCHAFT FÜR GEOGRAPHIE) (Hrsg.) (^{6}2010): Bildungsstandards im Fach Geographie für den Mittleren Schulabschluss – mit Aufgabenbeispielen. Bonn.

ENEMARK, S., RAJABIFARD, A. (2011): Spatially enabled society. – Geoforum Perspektiv 20, S. 6-13.

GEBHARDT, H., GLASER, R., RADTKE, U., REUBER P. (Hrsg.) (^{2}2011): Geographie. Physische Geographie und Humangeographie. Heidelberg.

GOODCHILD, M. F. (1997): What is Geographic information science?, NCGIA core curriculum in GIScience, http://www.ncgia.ucsb.edu/giscc/units/u002/u002.html, posted October 7, 1997. Zuletzt geprüft am 14. Januar 2014.

GOODCHILD, M. F., JANELLE, D. G. (2010): Toward critical spatial thinking in the social sciences and humanities. – GeoJournal 75 (1), S. 3–13.

HEMMER, M. (^{2}2011). Geographie als Unterrichtsfach in der Schule. – In: GEBHARDT, H., GLASER, R., RADTKE, U. und REUBER, P. (Hrsg.): Geographie: Physische Geographie und Humangeographie. Heidelberg, S. 64-66.

HOF, A. (2012): Kompetenzorientierte Methodenlehre mit Geographischen Informationssystemen. – Zeitschrift für Hochschulentwicklung, 7(4), S. 10–19.

HOF, A., HETZEL, I., TELAAR, D. (2012): eGeo-Trüffel: mobile tagging, geocaching and nature trails bundled into geoinformation production with Bachelor of Geography students. – In: JEKEL, T., CAR, A., STROBL, J., GRIESEBNER, G. (Hrsg.): GI_Forum 2012: Geovisualization, society and learning: Conference proceedings. Berlin, Offenbach, S. 246–255.

84

JOHNSON, L.; LEVINE, A. und SMITH, R. S. (2009): The Horizon Report. 2009 edition. Austin, Texas: The New Media Consortium.

LUDE, A., SCHAAL, S., BULLINGER, M., BLECK, S. (Hrsg.) (2013): Mobiles, ortsbezogenes Lernen in der Umweltbildung und Bildung für nachhaltige Entwicklung. Der erfolgreiche Einsatz von Smartphone und Co. in Bildungsangeboten in der Natur. Baltmannsweiler.

MICHEL, U. (2013): Smartphone und Co – Einsatz digitaler und mobiler Technologien in Bildungsangeboten. – In: LUDE, A., SCHAAL, S., BULLINGER, M., BLECK, S. (Hrsg.): Mobiles, ortsbezogenes Lernen in der Umweltbildung und Bildung für nachhaltige Entwicklung. Der erfolgreiche Einsatz von Smartphone und Co. in Bildungsangeboten in der Natur. Baltmannsweiler, S. 13–17.

MICHEL, U., SCHUBERT, J. C. (2013): GIS. – In: BÖHN, D., OBERMAIER, G. (Hrsg.): Didaktische Impulse, Wörterbuch der Geographiedidaktik. Begriffe von A-Z. Braunschweig, S. 106–108.

NAS (NATIONAL ACADEMY OF SCIENCES) (Hrsg.) (2013): Learning to Think Spatially: GIS as a Support System in the K-12 Curriculum (January 2006), Report in Brief. http://dels.nas.edu/Materials/Report-In-Brief/4805-Think-Spatially. Zuletzt geprüft am 18. Januar 2014.

NRC (NATIONAL RESEARCH COUNCIL) (Hrsg.) (2006): Learning to think spatially: GIS as a support system in the K-12 curriculum. Washington, DC. http://www.nap.edu/catalog.php?record_id=11019. Zuletzt geprüft am 18. Januar 2014.

SCHUBERT, J. C., HÖHNLE, S., UPHUES, R. (2012): Which chances do teachers see in GI(S) usage in the classroom? – In: JEKEL, T., CAR, A., STROBL, J., GRIESEBNER, G. (Hrsg.): GI_Forum 2012: Geovisualization, society and learning: Conference Proceedings. Berlin, Offenbach, S. 283-291.

SCHULZE, U. KANWISCHER, D., REUDENBACH, C. (2012): Technikzentrierte Softwareschulung und/oder problemorientierte Denkweise? Theoretische Überlegungen und didaktische Analysen zur geographischen GIS-Ausbildung. – In: HÜTTERMANN, A., KIRCHNER, P., SCHULER, S. (Hrsg.): Räumliche Orientierung. Räumliche Orientierung, Karten und Geoinformation im Unterricht. Geographiedidaktische Forschungen 49, S. 299-307.

UHLENWINKEL, A. (2013): Spatial thinking. – In: BÖHN, D., OBERMAIER, G. (Hrsg.): Didaktische Impulse, Wörterbuch der Geographiedidaktik. Begriffe von A-Z. Braunschweig, S. 257–259.

PD Dr. Angela Hof
Geographisches Institut
Universitätsstraße 150
44801 Bochum
angela.hof@rub.de

Thomas Schiller, Stefanie Zecha

Didaktische Potenziale Digitaler Bildungsrouten aus unterrichtspraktischer Perspektive

Didaktische Reflexion des Unterrichtsbeispiels
Digitale Bildungsroute Bodenerlebnispfad Wetzlar

Untersuchungen (ZECHA 2012; LUDE 2013; MICHEL 2013) zeigen, dass GPS-basierte Bildungsrouten durchaus einen effektiven Beitrag zur Umweltbildung leisten können. Aus Sicht der Lehrerinnen und Lehrer stellt sich die Frage, ob bzw. wie deren didaktischen Potenziale in der täglichen Unterrichtspraxis genutzt werden können. Die Reflexion eines ausgewählten Unterrichtsversuchs, der in einem Erdkundekurs eines hessischen Oberstufengymnasiums durchgeführt wurde, zeigt, dass sowohl eine lehrplanbezogene als auch kompetenzorientierte unterrichtspraktische Einbindung digitaler Medien und mobiler Endgeräte möglich ist, die einen über motivationssteigernde Effekte hinausgehenden vielfältigen didaktischen Nutzen bietet. Von entscheidender Bedeutung scheint zu sein, die Potenziale hinsichtlich einer Selbststeuerung des Lernprozesses zu nutzen und ihren Einsatz mit fachtypischen Arbeitsweisen zu kombinieren. Die anhand der exemplarischen Umsetzung und deren Analyse identifizierten Kriterien einer sinnvollen unterrichtskonzeptionellen Einbindung digitaler Bildungsrouten gilt es durch weiterführende Studien zu überprüfen.

1 Vorbemerkung

Kann das Potenzial digitaler Medien gewinnbringend in der täglichen Unterrichtspraxis genutzt werden? Dieser Fragestellung nimmt sich auch die Fachdidaktik immer mehr an (vgl. u.a. Anzahl der Themensitzungen/Beiträge anlässlich des deutschen Geographentags 2013 in Passau). Vor allem die Potenziale so genannter mobiler Endgeräte werden intensiv diskutiert. In Verbindung mit der Nutzung von GPS-Daten bietet deren Einsatz bei der Einbeziehung außerschulischer Lernorte offensichtlich vielfältige Möglichkeiten (LUDE et al. 2013). Inzwischen sind zahlreiche Beispiele digitaler Bildungsrouten dokumentiert. Es handelt sich zumeist um Projekte mit Pilotcharakter, die häufig aus der Zusammenarbeit von Universitäten und außerschulischen Bildungsträgern resultieren. Diese teils mit großen finanziellen Input ausgestatteten Projekte sind viel beachtet, wie z.b. das von der Deutschen Bundesstiftung Umwelt (DBU) geförderte Gemeinschaftsprojekt WassErlebnis der BUND- und DLRG-Jugend (JUGEND IM BUND FÜR UMWELT UND NATURSCHUTZ DEUTSCHLAND E.V. 2010).

Obwohl ein großes allgemein- und fachdidaktischen Interesses an dieser Thematik besteht (BACHMAIER 2009; HUG 2011; SIEGMUND et al. 2013), mangelt es an konkreten, auf die Unterrichtspraxis ausgerichteten, didaktisch reflektierten Umsetzungsbeispielen. Die nachfolgenden Ausführungen sollen helfen, diese Lücke zu schließen. Die unterrichtspraktische Umsetzung des hier vorgestellten Beispiels erfolgte im Regelunterricht unter Realbedingungen und berücksichtigt somit die Rahmenbedingungen der konkreten Unterrichtspraxis. Ausgehend von der Leitfrage, wie sich digitale

Bildungsrouten didaktisch sinnvoll konzipieren und strukturieren lassen, lag das fachdidaktische Augenmerk auf der Identifizierung unterrichtskonzeptioneller Merkmale, durch die das didaktische Potenzial digitaler Bildungsrouten und in Verbindung damit eingesetzter mobiler digitaler Endgeräte sinnvoll und effektiv genutzt werden kann. In Anbetracht sich stetig und rasend schnell verändernder technischer Möglichkeiten wird bei der Bewertung didaktischer Potenziale bewusst vermieden, auf das konkrete Potenzial spezifischer mobiler Endgeräte wie Smartphones oder Tablet-PCs zu fokussieren, denn mit der digitalen Datenbrille wird die nächste Etappe der mobilen digitalen Kommunikation gegenwärtig bereits in Angriff genommen (MICHEL 2013, S. 16-17). Vielmehr erscheint es sinnvoll, denjenigen didaktischen Prämissen besondere Aufmerksamkeit zu schenken, welche bei der Weiterentwicklung der digitalen Kommunikation überdauern werden. Erstrebenswert wäre es, wenn diesbezüglich in Zukunft konkrete, wissenschaftlich abgesicherte Handlungsempfehlungen für die Unterrichtspraxis und deren Protagonisten abgeleitet werden könnten.

2 Mögliche didaktische Potenziale

Für Kinder und Jugendliche ist der Umgang mit digitalen Medien und mobilen Enderäten selbstverständlich. Studien zeigen u.a., dass die Nutzung, aber auch die Verfügbarkeit digitaler mobiler Endgeräte (Smartphones, Tablet-PCs) zugenommen hat (JIM-Studie - MPFS 2013). Der ortsungebundene Zugriff auf Informationen über mobile Endgeräte wird zunehmend selbstverständlich. Gleichzeitig ist aber auch zu erkennen, dass sich die schulische Auseinandersetzung mit digitalen Medien überwiegend auf die klassische Internetrecherche innerhalb der Schule bezieht (MPFS 2013). Aussagekräftige Informationen darüber, in wie weit beispielsweise mobile Endgeräte im Unterrichtsalltag genutzt werden, gibt es bislang nicht. Dabei beinhaltet insbesondere die Möglichkeit des ortsungebundenen Zugangs zu digitalen Informationen neue und vielfältige Perspektiven bei der unterrichtlichen Einbeziehung außerschulischer Lernorte (DITTER 2012, S. 31), dies insbesondere dann, wenn durch die Nutzung von GPS-Daten eine selbstgesteuerter Lernprozess initiiert werden kann (DITTER 2012, S. 228-229). Denn digitale Bildungsrouten sind nach Auffassung des Verfassers dadurch gekennzeichnet, dass sie auf mehr oder weniger festgelegten Routen mobiles Lernen im außerschulischen Realraum ermöglichen, wobei digitale Medien bei der Gestaltung des Lehr- und Lernarrangements von besonderer Bedeutung sind. Folgende Arbeitsdefinition liegt den Ausführungen zu Grunde: Digitale Bildungsrouten ermöglichen auf mehr oder weniger festgelegten Routen mobiles Lernen im außerschulischen Realraum, wobei digitale Medien bei der Gestaltung des Lehr- und Lernarrangements von besonderer Bedeutung sind.

Bei differenzierter Betrachtung dieser Merkmale wird deutlich, dass sich eine unterrichtspraktische Auseinandersetzung didaktisch vielfältig legitimieren lässt. Die originale Begegnung mit der Umwelt vor Ort kann einen Beitrag zur Umwelterziehung leisten (ZECHA 2012) und wird „in allen Schulstufen und Schularten als integrativer Bestandteil zur Unterstützung der Lehr- und Lernprozesse im Geographieunterricht" gesehen (FLATH 2012, S. 253). Der Medienkompetenzerwerb wird v.a. durch die Einbeziehung mobiler Endgeräte (Smartphones, Tablet-PCs) und digitaler Medien (z.B. Internet, Videoportale) gefördert. Hier ist insbesondere auch an die Nutzung von Potenzialen des Web 2.0 zu denken, vor allem dann, wenn damit die Nutzung von Anwendungen einhergeht, die das produktorientierte Arbeiten, Kooperation und Ergebnispräsentation beinhalten (DITTER 2012, S. 228-229). Sinnvollerweise geht damit eine Sensibilisierung für möglicherweise einhergehende Probleme und Gefahren des Web 2.0 einher.

Abhängig von konzeptioneller Herangehensweise und Gestaltung der Bildungsroute ist es denkbar den Schülerinnen und Schülern selbstgesteuertes Lernen zu ermöglichen, was den Lerneffekt zu steigern vermag (DÖRING 2009), gleichzeitig aber auch der Lehrkraft ermöglicht als Lernbegleiter zu fungieren. Es sind dabei verschiedene Freiheitsgrade denkbar: Dies kann ein Routenangebot sein, das Nutzerinnen und Nutzern Auswahlmöglichkeiten bezüglich der dargebotenen Informationen, Reihenfolge der Bearbeitung oder Verweildauer lässt oder weitergehend, ganz im Sinne einer primär handlungsorientierten Anlage, eine Konzeption, die vorsieht, dass Schülerinnen und Schüler eine eigene digitale Bildungsroute entwickeln (KONRAD 2010, 7-15, HECKT 2010, 4-7, LAXMI 2010). Eine projektorientierte Herangehensweise erschließt weitere Potentiale und bietet durch ihre Produktorientierung auch Gelegenheit zur Öffnung nach außen, sei es, dass das selbsterstellte Produkt der Schulgemeinde präsentiert wird (z.B. an einem „Tag der offenen Tür") oder einer breiteren Öffentlichkeit zur Verfügung gestellt wird (z.B. Einstellen auf der Schulhomepage), was der Außendarstellung des Faches nur dienlich sein kann. Insbesondere bei der letztgenannten konzeptionellen Ausrichtung besteht die Möglichkeit Lernzuwächse in allen Kompetenzbereichen zu bewirken, weshalb dieser Ansatz für das nachfolgend beschriebene Unterrichtsbeispiel gewählt wurde.

Didaktische Potenziale (Auswahl)
hoher Aufforderungscharakter
Handlungsorientierung = Förderung von Selbsttätigkeit
Aufsuchen außerschulischer Lernorte
Originale Begegnung
Nahraumbezug
Beitrag zur BNE/Umwelterziehung
vielfältiger Kompetenzerwerb, u.a.:
Medienkompetenz,
Raumverhaltenskompetenz
fachübergreifende Ausrichtung
Produktorientierung
Außendarstellung des Faches

Abb. 1: Auswahl didaktischer Potenziale mobiler Endgeräte und digitaler Bildungsrouten (eig. Entw.)

3 Beschreibung der Unterrichtsbeispiele

Das nachfolgend beschriebene Unterrichtsbeispiel wurde 2013 im Erdkundeunterricht der Einführungsphase (G 8, entspricht der Jahrgangsstufe 11 G 9) der Goetheschule Wetzlar (hessisches Oberstufengymnasium) durchgeführt.

Bildungsroute Bodenerlebnispfad Wetzlar

Auf der Suche nach einer lehrplanrelevanten Unterrichtsthematik (HKM 2013) für einen vom Autor geleiteten Oberstufenkurs der Einführungsphase, die Gelegenheit bietet, möglichst viele der unter 2 angeführten didaktischen Potentiale einer digitalen Bildungsroute zu nutzen, fiel die Wahl auf ein bodenkundliches Thema. Dies hatte auch pragmatische Gründe: Einerseits besteht die Chance, das bei einer lehrezentrierten Herangehensweise erfahrungsgemäß begrenzte Schülerinteresse an der Thematik zu steigern, zum anderen befindet sich in Umgebung der Schule ein Bodenerlebnispfad (STADT WETZLAR 2004), der an 6 Stationen Bodenaufschlüsse mit dazugehörigen Informationstafeln bietet. Der 2004 in Zusammenarbeit der Stadt Wetzlar mit dem Hessischen Landesamt für Umwelt und Geologie, dem Naturschutz-Zentrum Hessen, der Biologiedidaktik der Justus-Liebig-Universität und mit Unterstützung des Hessischen Ministeriums für Umwelt, ländlichen Raum und Verbraucherschutz erstellte Lehrpfad hatte zum Ziel, das Thema Bodenschutz einer breiten Öffentlichkeit näherzubringen (STADT WETZLAR 2004).

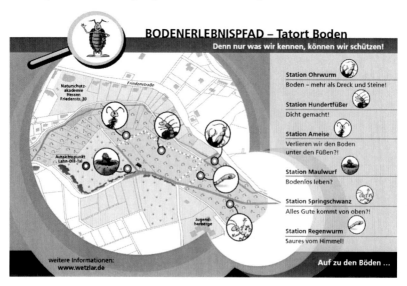

Abb. 2: Übersichtskarte des Bodenerlebnispfades der Stadt Wetzlar (STADT WETZLAR 2004)

Dieser erste Bodenerlebnispfad Hessens überhaupt ist inzwischen aber, sowohl was den Zustand der Bodenaufschlüsse (Freilegung, Pflege, Zugang) als auch die inhaltliche und lehrplandidaktische Konzeption anbetrifft, verbesserungswürdig. Dennoch wird der Lehrpfad – in der Regel zur Vertiefung zuvor im Unterricht erarbeiteter unterrichtsrelevanter bodengeographischer Inhalte – vom Fachkollegium der Goetheschule Wetzlar regelmäßig genutzt. Im Schuljahr 2012/2013 wurde vom Autor auf der Basis von GPS-Koordinaten erstmals eine primär handlungsorientierte Herangehensweise gewählt, bei der Schülerinnen und Schüler eines E-Phasen-Erdkundekurses in Kleingruppen mittels GPS-Empfängern die Stationen eigenständig anliefen und dazu vorbereitete Arbeitsaufträge vor Ort bearbeiteten, deren Ergebnisse sie in darauffolgenden Unterrichtsstunden präsentierten. Die positiven Rückmeldungen seitens der Schülerinnen und Schüler, aber auch die Arbeitsergebnisse sowie der fachinhaltliche Lernzuwachs mündeten in der Idee, diesen Ansatz weiterzuentwickeln. Da sich die Bearbeitung des Lehrpfades auf Grundlage mitzuführender verschriftlichter Arbeitsmaterialien (laminierte Folien mit Arbeitsanweisungen und erforderlichen Zusatzinformationen) als sehr umständlich erwies, bot es sich an, über eine digitalisierte Form der Informationsdarbietung nachzudenken, zumal im World Wide Web zum bodenkundlichen Themengebiet ein überaus reichhaltiges, fachinhaltlich, fach- und mediendidaktisch geeignetes, frei zugängliches Medienangebot abrufbar ist. Ziel der auf 8 Doppelstunden ausgelegten Unterrichtsreihe war es, auf Grundlage der vorhandenen Bodenaufschlüsse und Schautafeln des Bodenlehrpfades eine digitale Bildungsroute zu erstellen, bei der das bestehende Informationsangebot über digitale Medien (Videosequenzen, Audiodateien, Rätsel, digitalisierte Informationstexte, Internetlinks) u.a. dahingehend erweitert wird, dass es vor Ort mit mobilen Endgeräten (Smartphone oder Tablet-PC) abzurufen ist. Bezüglich Informationsauswahl, -aufbereitung und -gestaltung wurden folgende handlungsleitende Kriterien gemeinsam erarbeitet und festgelegt:

1. Nutzerfreundlichkeit: Es ist auf eine übersichtliche und ansprechende Aufbereitung des Informationsangebotes (Menüführung, Strukturierung, Lesbarkeit, Gestaltung) zu achten.
2. Es soll ein konkreter inhaltlicher Bezug der Informationsangebote zur Örtlichkeit (stationsgebunden – Lernchancen der Gegebenheiten vor Ort sinnvoll einbeziehen) bestehen.
3. Das digitale Informationsangebot soll das bestehende Informationsangebot (Schautafeln) ergänzen und ist nur dann sinnvoll einzusetzen, wenn es konventionellen Informationsangeboten (analogen Informationen) überlegen ist.
4. Das Informationsangebot soll, sowohl was die unterschiedlichen Medienarten als auch deren Schwierigkeitsgrad anbetrifft (Auswahloptionen), vielfältig und interessant gestaltet sein.
5. Um Nutzern eine individuelle Stationsauswahl zu ermöglichen, sollen die Stationsthemen inhaltlich als eigenständige, in sich abgeschlossene Themenblöcke konzipiert sein und keine festgelegte Stationsfolge vorgeben.
6. Der Einsatz digitaler Medien darf kein Selbstzweck sein. Er soll der zielgerichteten, selbstständigen und motivierenden Erarbeitung von Inhalten dienen.

Nach Möglichkeit war der Einsatz themenrelevanter fachtypischer Arbeitsweisen zu integrieren (z.b. untersuchen: Entnahme von Bodenproben), um der Intention einer primär handlungsorientierten Auseinandersetzung Rechnung zu tragen. Zusammen mit einer ortsbezogenen inhaltlichen Ausrichtung (vgl. 2) ist somit auch gewährleistet, dass sich die digitale Bildungsroute durch die zwingend erforderliche originäre Begegnung von einer virtuellen Exkursionsroute unterscheidet. Darüber hinaus waren selbstverständlich auch allgemeingültige medienerziehungsrelevante Aspekte, wie der kritische Umgang mit digitalen Medien (z.B. bzgl. Zuverlässigkeit der Quellen) und Urheberrecht (Quellennachweise), zu berücksichtigen.

Als inhaltlicher Einstieg diente der an allen Stationen abrufbare, preisgekrönte Filmtrailer ‚Wenn der Boden schwindet' (IASS POTSDAM 2013; http://globalsoilweek. org/media-publications/videos/…), dessen Produktion u.a. von der FAO und der GIZ gefördert wurde. In kompakter, mediendidaktisch sinnvoller und eindrucksvoller Form verdeutlicht diese ca. fünfminütige Filmsequenz problem- und schülerorientiert die Bedeutung des Bodens für unser tägliches Leben und sensibilisiert für die Problematik der Bodengefährdung und des Bodenverlustes. Dabei werden unterschiedliche räumliche Maßstabsebenen berücksichtigt (u.a. auch die globale Dimension). Die sechs Stationen der digitalen Bildungsroute (vgl. Abb. 3) greifen einige dieser Aspekte auf und vertiefen sie:

Station	Stationsname	Inhaltlicher Schwerpunkt	Bildungsgehalt
Station 1	Boden – mehr als Dreck und Steine	Bodenkundliche Grundkenntnisse: Bodentyp, Bodenart, Determinanten der Bodenfruchtbarkeit	Verständnis für grundlegende, bodenkundliche Zusammenhänge erzeugen
Station 2	Dicht gemacht!	Bodenentstehung Bodenverdichtung und Bodenversiegelung	Sensibilisierung für die Auswirkungen infolge menschlicher Bodennutzung
Station 3	Verlieren wir den Boden unter den Füßen?	Bodenverlust durch Erosion, Erosionsarten	Verständnis für die Entstehung von Erosion, Einfluss des Menschen, Auswirkungen u. Schutzmaßnahmen
Station 4	Bodenlos leben?	Filterfunktion des Bodens – Grundwasserschutz	Bedeutung des Bodens für den Grundwasserschutz erkennen; Kostbarkeit der Ressource Trinkwasser
Station 5	Alles Gute kommt von oben?!	Schadstoffeintrag in den Boden; Schadstoffquellen, Auswirkungen	Wechselwirkungen Mensch (Verursacher u. Geschädigter) und Umwelt

			Problemlösungsansätze
Station 6	Saures vom Himmel	Saurer Regen, Bodenversauerung	Folgen menschlichen Handelns (Mobilität, industrielle Produktion) Wirksamkeit menschlichen Handelns (Effektivität von Gegenmaßnahmen)

Abb. 3: Stationsübersicht der Digitalen Bildungsroute Bodenerlebnispfad Wetzlar

Durch die inhaltliche Ausrichtung der Stationen werden die komplexen Wechselwirkungen Mensch-Umwelt angemessen berücksichtigt, indem einerseits die Bedeutung des Bodens als Lebensgrundlage für den Menschen, andererseits aber auch die Problematik anthropogener Einflüsse verdeutlicht wird. Somit wird dem übergeordneten Bildungsauftrag des Faches, einen Beitrag zur Förderung der Raumverhaltenskompetenz zu leisten, durchaus Rechnung getragen. Vermittelt werden aber auch lehrplanrelevante bodenkundliche Grundkenntnisse (Bodenentstehung, -entwicklung, -eigenschaften, -arten, -typen ...). Für die inhaltliche Gestaltung der Stationen stand den Schülerinnen und Schülern neben dem Oberstufen-Fachbuch eine umfangreiche vorrecherchierte Linksammlung zum Themengebiet zur Verfügung, die durch eigene Recherchen erweitert werden konnte. Die Informationsaufbereitung und -gestaltung war auf eine schulische Zielgruppe (Oberstufenklasse) auszurichten, ist durch eine Unterteilung in Basis- und weiterführende Informationen allerdings von vornherein leistungsheterogen angelegt.

Nach Vorstellung und inhaltlicher Überarbeitung der Gruppenarbeitsergebnisse wurden diese zu einer interaktiven Powerpoint-Präsentation in einheitlichem Layout und mit aufeinander abgestimmter, selbsterklärender Menüführung zusammengefügt, die den potenziellen Nutzern eine selbstgesteuerte und eigenverantwortliche Auseinandersetzung mit den Stationsinhalten der Bildungsroute ermöglicht, wie die nachfolgende exemplarische Auswahl von digitalen Stationstafeln zumindest ansatzweise verdeutlichen soll:.

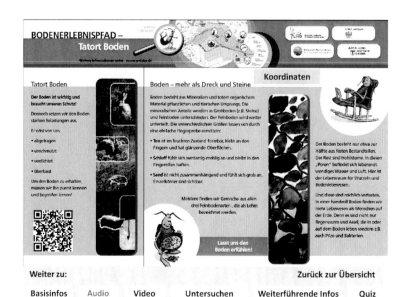

Abb. 4: Station 1: Boden – mehr als Dreck und Steine, Übersichtsseite (Screenshot)

Durchführung Untersuchen 1/5 Zurück zur Übersicht

Man nennt die Feldmethode zur Bestimmung der Bodenart, die Fingerprobe. Schau dir den Film an. Darin wird dir gezeigt, wie man eine Bodenprobe vor Ort durchführt. In der Anleitung (hier) findest du den Bestimmungsschlüssel, den du für die Untersuchung im Feld brauchst.

Anleitung zur Bestimmung der Bodenart zum Download

http://www.glokalchange.de/cms/p/Anleitung_bio_2/

Weiter zu:

Basisinfos Audio Video **Untersuchen** Weiterführende Infos Quiz

Abb. 5: Station 1: Boden – mehr als Dreck und Steine, Rubrik Untersuchen (Screenshot)

Basisinfos 2/5

Zurück zur Übersicht

Basisinfos | Audio | Video | Untersuchen | Weiterführende Infos | Quiz

Abb. 6: Station 1: Boden – mehr als Dreck und Steine, Rubrik Basisinfos (Screenshot)

Weiter zu: Koordinaten   Zurück zur Übersicht

Basisinfos | Audio | Video | Untersuchen | Weiterführende Infos | Quiz

Abb. 7: Station 3: Verlieren wir den Boden unter den Füßen? Übersichtsseite (Screenshot)

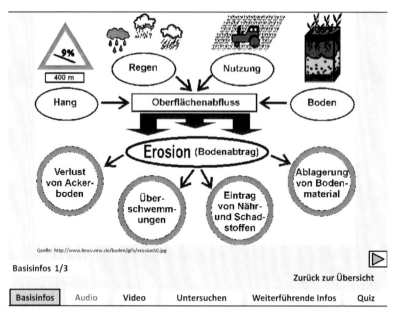

Basisinfos 1/3

Zurück zur Übersicht

| Basisinfos | Audio | Video | Untersuchen | Weiterführende Infos | Quiz |

Abb. 8: Station 3: Verlieren wir den Boden unter den Füßen? Rubrik Basisinfos (Screenshot)

Weiter zu: http://www.youtube.com/watch?v=1xbVfPAxwLY

Zurück zur Übersicht

| Basisinfos | Audio | Video | Untersuchen | Weiterführende Infos | Quiz |

Abb. 9: Station 5: Alles Gute kommt von oben?! Rubrik Video (Screenshot)

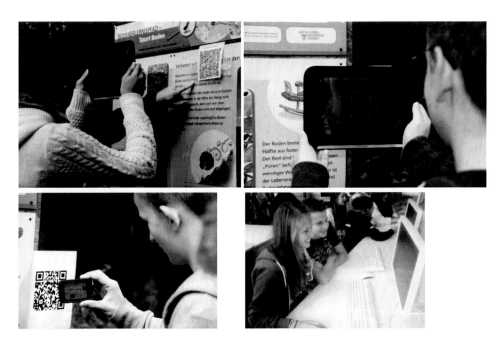

Abb. 10: Bei der Erprobung der digitalen Bildungsroute vor Ort und Ausarbeitung in der Schule (eig. Aufn.)

Während in der Erprobungsphase für den Zugriff auf die digitalen Medien eine Internetverbindung erforderlich war, um die Daten vor Ort mittels Aktivierung von QR-Codes auf den mobilen Endgeräten aufzurufen, ist geplant, die Endversion auf der Schulhomepage als Download zur Verfügung zu stellen. Dann wird es möglich sein, das komplette digitale Datenmaterial der Bildungsroute vorab auf die mobilen Endgeräte zu überspielen, um die erforderlichen Dateien vor Ort offline nutzen zu können.

4 Reflexion des Unterrichtsversuchs

Die nachfolgend aufgeführten Erkenntnisse resultieren aus zahlreichen Gesprächen mit den beteiligten Schülerinnen und Schülern und eigenen Beobachtungen während der Durchführung der Unterrichtsreihe sowie der Auswertung einer Leistungsüberprüfung, in der auch bodengeographische Inhalte klausurrelevant waren. Auf Grundlage dieser subjektiven Rückschlüsse wird derzeit ein Untersuchungsdesign erarbeitet, das wissenschaftlich fundiert wichtige methodische Grundsätze bei der Gestaltung digitaler Bildungsrouten erfassen soll, um deren Relevanz für den Lernerfolg bemessen zu können.

Erwartungsgemäß wurde ein gesteigertes Interesse an dem Themenfeld Bodenkunde beobachtet. Die befragten Schülerinnen und Schüler führten dies nicht nur auf den motivationssteigernden Einsatz von Smartphones, Tablet-PCs und digitalen Medien zurück, sondern auch auf die handlungsorientierte Herangehensweise, die viel Raum zur Selbsttätigkeit und eigenverantwortlichen Auseinandersetzung mit der Thematik bot. Nachfragen diesbezüglich ergaben, dass der motivierende Anreiz gerade aus der Kombination eigenverantwortlichen Arbeitens und dem Einsatz der neuen Medien/mobilen Endgeräte sowie weiterer fachtypischer Arbeitsweisen an einem außerschulischen Lernort resultierte. Hier lassen sich anscheinend durchaus Parallelen zu neueren exkursionsdidaktischen Erkenntnissen ziehen (OHL 2012, S. 260-261). Der vorab gemeinsam erstellte Kriterienkatalog wurde auch im Nachhinein als hilfreich bewertet. Vereinzelt merkten – überwiegend leistungsschwächere – Schülerinnen und Schüler allerdings an, dass sie sich konkretere inhaltliche Vorgaben (z.B. verpflichtend einzubeziehende Materialien) gewünscht hätten und sie die eingeräumten Freiheiten eher als Überforderung empfunden haben. Wie sich bei der Auswertung der Gruppenarbeitsergebnisse zeigte, bestand die größte inhaltliche Schwierigkeit darin, die jeweiligen Inhalte so aufzubereiten, dass diese auch ohne Vorkenntnisse anderer Stationsinhalte der Bildungsroute zu bearbeiten waren. Positiv bewertet wurde auch, dass an den meisten Stationen ein konkreter räumlicher Bezug zwischen der Örtlichkeit und dem Stationsthema hergestellt wurde, der nach Aussagen der Schülerinnen und Schüler dazu beitrug, die fachinhaltlichen Hintergründe besser zu begreifen. Lediglich bei der Umsetzung des Schwerpunktthemas Schadstoffeintrag in den Boden bereitete es Probleme, die örtlichen Gegebenheiten gewinnbringend für die Erschließung des Stationsthemas zu nutzen, wie es nach den vereinbarten Umsetzungskriterien (vgl. 3, Punkt 2 des Kriterienkatalogs) vorgesehen war.

Der Umgang mit den mobilen Endgeräten (abrufen der Dateien, navigieren ...) bereitete den Schülerinnen und Schülern keine Schwierigkeiten. Beim Anpassen der Gruppeninhalte in die Powerpoint-basierte, vereinheitlichte, interaktive Maske war allerdings erstaunlicherweise Hilfestellung nötig, da die Kenntnisse im Umgang mit dem Präsentationsprogramm doch sehr unterschiedlich und begrenzt waren. In erster Linie wurde aber versucht, solche Probleme gruppenintern zu lösen. Durch den Austausch innerhalb der Arbeitsgruppen und die zielgruppenorientierte und kriteriengeleitete Aufbereitung der Sachinformationen wurde die Kommunikationskompetenz gefördert. Dass die Kenntnisse der Schülerinnen und Schüler über das selbst bearbeitet Schwerpunktthema merklich besser verfestigt waren, zeigte sich bei der differenzierten Klausurauswertung. Dies lässt sich mit der intensiveren thematischen Auseinandersetzung infolge der handlungsorientierten Herangehensweise durchaus erklären. Es ist aber fraglich, ob das im Vergleich zu den Vorjahren verbesserte Klausurgesamtergebnis in Anbetracht der Fülle an weiteren Einflussfaktoren ebenso auf die konzeptionelle Herangehensweise zurückzuführen ist.

Ob die sich abzeichnenden geschlechtsspezifischen Unterschiede, was die Mitarbeit und Bewertung der Unterrichtsreihe betrifft – Schüler bewerteten vor allem die Einbeziehung der mobilen Endgeräte positiv und zeigten sich sehr interessiert, was die technische Umsetzung anbetraf, während die Schülerinnen vor allem bei der Informationsaufbereitung und -gestaltung stärker engagiert waren –, tatsächlich signifikant sind, wäre noch zu klären.

Der in der Literatur als problematisch erachtete Ablenkungseffekt durch die Nutzung von Internet und mobilen Endgeräten (LUDE et al. 2013) konnte nur sehr vereinzelt beobachtet werden und stellte keinen Unterschied zu auch sonst im Unterricht zu beobachtenden Phasen der gedanklichen Abwesenheit dar. Es ist aber zu vermuten, dass hierbei lerngruppenspezifische Gegebenheiten entscheidend sind.

Insgesamt betrachtet kann somit ein durchaus positives Fazit des Unterrichtsversuchs gezogen werden. Die primär handlungsorientierte Ausrichtung hat sich bewährt. Sinnvoll erscheint es, auch auf eine konkrete ortsbezogene thematische Anbindung zu achten und das Informations- und Aufgabenangebot fachmethodisch vielfältig zu gestalten.

5 Ausblick

Die Rückschlüsse aus der vorgestellten unterrichtspraktischen Umsetzung fließen gegenwärtig in die Modellierung weiterer Unterrichtsvorhaben ein (Digitale Bildungsroute Lernort Fluss), die wissenschaftlich begleitet werden sollen. Grundlage sind Erkenntnisse aus praxisorientierten universitären Lehrveranstaltungen der Geographiedidaktik an der Justus-Liebig-Universität Gießen, die ebenso einfließen wie die Erkenntnisse zahlreicher, zum Themenbereich GPS-gestützte und digitale Bildungsrouten verfasste Examensarbeiten. Diese Vorhaben bezogen sich auf ein breites erdkundliches Themenspektrum und zeigten, dass auch digitale Bildungsrouten zu unterrichtsrelevanten Themen mit anthropogeographischen Schwerpunkt (z.B. Stadtentwicklung in Gießen, Nutzungskonflikt Landesgartenschau Gießen, Standortfaktoren Spilburg-Gelände Wetzlar) umsetzbar sind.

Was die digitale Bildungsroute Bodenlehrpfad Wetzlar anbetrifft, ist geplant, das Angebot zu einer schulischen Standardexkursionsroute auszubauen, die auch der interessierten Öffentlichkeit zugänglich gemacht werden kann; denn das digitale Informationsangebot bietet die Möglichkeit der stetigen Weiterentwicklung und Aktualisierung, aber auch einer Ausweitung des Angebotes für weitere Zielgruppen. Das Interesse an diesem Projekt soll zudem genutzt werden, Kontakte zu außerschulischen Kooperationspartnern herzustellen bzw. zu vertiefen, was einerseits der Schule Gelegenheit zu einer positiven Außendarstellung bietet, zudem aber auch einer breiteren Öffentlichkeit Einblick in die Potenziale des Unterrichtsfaches Erdkunde ermöglicht.

98

Literatur:

BACHMAIER, B. (2009): Auf dem Weg zu einer Didaktik mobilen Lernens. In: KARPA, D., EICKELMANN, B., GRAFE, S. (Hrsg.): Zur Rolle digitaler Medien in Schulpädagogik und Lehrerbildung. Immenhausen, S. 59-78.

DITTER, R., MICHEL, U., SIEGMUND, A. (2012): Neue Medien – Möglichkeiten und Grenzen. In: HAVERSATH, J.-B. (Mod.): Geographiedidaktik. Theorie – Themen – Forschung. Braunschweig, S. 214-235.

DÖRING, J., THIELMANN, T. (2009): Mediengeographie: Für eine Geomedienwissenschaft. In: DÖRING, J., THIELMANN, T. (Hrsg.): Mediengeographie. Theorie-Analyse-Diskussion. Bielefeld, S. 9-64.

DGFG (2013): Bildungsstandards im Fach Geographie für den Mittleren Bildungsabschluss. Bonn.

FLATH, M. (2012): Methodische Prinzipien. In: HAVERSATH, J.-B. (Mod.): Geographiedidaktik. Theorie – Themen – Forschung. Braunschweig, S. 250-258.

HECKT, D. (2010): Das Konzept des Kooperativen Lernens. In: Lehren & Lernen. Zeitschrift für Schule und Innovation aus Baden-Württemberg 1, S. 4-7.

HKM (HESSISCHES KULTUSMINISTERIUM) (2013): Lehrplan Erdkunde – Bildungsgang Gymnasium (G 8). http://verwaltung.hessen.de/irj/HKM_Internet?cid=48a34f21388de135d056cf8266b 8b151(28.12.2013).

HUG, T. (2011): Mobiles Lernen – Themenhorizonte und aktuelle Entwicklungen. In: Computer + Unterricht 84 (1), S. 46-48.

IASS (POTSDAM INSTITUTE FOR ADVANCED SUSTAINABILITY STUDIES E.V.) (2013): Wenn der Boden schwindet. www.iass-potsdam.de/de/impressum (12.01.2014), http://globalsoilweek.org/media-publications/videos/ (12.01.2014).

JUGEND IM BUND FÜR UMWELT UND NATURSCHUTZ DEUTSCHLAND E.V. (2010): WassErlebnis. Das Geo-Caching-Projekt rund um Wasser, Abenteuer und Nachhaltigkeit. www.wasserlebnis.de/ (11.01.2014).

KONRAD, K., BERNHART, D. (2010): Kooperatives Lernen als Unterrichtsform. In: Lehren & Lernen. Zeitschrift für Schule und Innovation aus Baden-Württemberg 1, S. 7-15.

LAXMI, S. (2010): Methods of teaching. Environmental science. New Delhi.

LUDE, A., SCHAAL, S., BULLINGER, M., BLECK, S. (2013): Mobiles, ortsbezogenes Lernen in der Umweltbildung und Bildung für nachhaltige Entwicklung. Baltmannsweiler.

MPFS (MEDIENPÄDAGOGISCHER FORSCHUNGSVERBUND SÜDWEST) (2013): JIM 2013, Jugend, Information, (Multi-)Media. Basisstudie zum Medienumgang 12- bis 19-jähriger in Deutschland. www.mpfs.de/?id=613 2013 (12.01.2014).

MICHEL, U. (2013): Smartphone und Co – Einsatz digitaler und mobiler Technologien in Bildungsangeboten. In: LUDE, A., SCHAAL, S., BULLINGER, M., BLECK, S. (Hrsg.): Mobiles, ortsbezogenes Lernen in der Umweltbildung und Bildung für nachhaltige Entwicklung. Baltmannsweiler. S. 16-17.

99

OHL, U., NEEB, K. (2012): Exkursionsdidaktik: Methodenvielfalt im Spektrum von Kognitivismus und Konstrustruktivismus. In: HAVERSATH, J.-B. (Mod.): Geographiedidaktik. Theorie – Themen – Forschung. Braunschweig, S. 259-288.

SIEGMUND, A., MICHEL, U., EHLERT, M., BITTNER, A. (Hrsg.) (2013): Neue Wege in der Bildung für nachhaltige Entwicklung (BNE) ?! – Potenziale und Grenzen digitaler Medien. München.

STADT WETZLAR (2004): Amt für Umwelt- und Naturschutz, Bodenerlebnispfad Wetzlar.
www.wetzlar.de/showobject.phtml?la=1&object=tx|370.2430.1 (09.01.2014),
www.wetzlar.de/media/custom/370_17606_1.PDF?1377528337 (09.01.2014).

ZECHA, S. (2012): Geographische Arbeitsweisen als Abenteuer – Eine GPS-Bildungsroute durch Eichstätt, In: HÜTTERMAN, A., KIRCHNER, P., SCHULER S., DRIELING, K.: Räumliche Orientierung. Geographiedidaktische Forschungen 49. Braunschweig, S. 128-134.

Thomas Schiller
Institut für Geographie
K.-Glöckner-Straße 21 G
35394 Gießen
thomas.schiller@geogr.uni-giessen.de

PD Dr. Stefanie Zecha
Institut für Geographie
K.-Glöckner-Straße 21 G
35394 Gießen
stefanie.zecha@geogr.uni-giessen.de

Stefan Brauckmann
GIS, GPS und Kartierschlüssel in der Grundschule
Schulische Anwendungsmöglichkeiten von Methoden der Kulturlandschaftsforschung

Geographische Informationssysteme (GIS) und GPS-gestützte Navigation sind in der Lebensrealität vieler Schülerinnen und Schüler selbst der Primarstufe bereits fest verankert. Der folgende Beitrag basiert auf einem Schulversuch an einer Hamburger Grundschule 2011 (BRAUCKMANN 2011, 2012a, 2012b), welcher die Verwendungsmöglichkeit von Methoden der Kulturlandschaftsforschung aufzeigen sollte.

Problemstellung
Warum studiert jemand heute Geographie für das Lehramt, wo doch das Fach kaum noch eigenständig an Schulen angeboten wird und sich viele im Fachstudium erlernte Methoden für einen Praxiseinsatz (vermeintlich) nicht anbieten? Sicherlich ist diese Frage etwas überspitzt formuliert (vgl. LÜDEMANN, LÖßNER 2011), dennoch ist immer wieder zu beobachten, dass einige angehende Lehrkräfte in punkto Motivation und Lernbereitschaft gegenüber anderen Studierenden zurückfallen, wenn es um das Erlernen fachspezifischer Methoden geht. Ein Beispiel aus der Lehrtätigkeit: Am Institut für Geographie der Universität Hamburg ist die Aneignung von GIS-Kenntnissen, wie an vielen anderen Geographischen Instituten, bereits im Grundstudium für alle Studierenden obligatorisch (FHH 2012). Ein häufig gehörtes Argument, warum sich einige (Lehramts-)Studierende trotzdem nicht eingehender mit GIS beschäftigen möchten, ist, dass die Systeme zu kompliziert seien und der Zeitaufwand nicht im Verhältnis zu den vermeintlich fehlenden Anwendungsmöglichkeiten im späteren Beruf stehe. Folglich leisten solche Studierenden nur das Nötigste, um den Anforderungen zu genügen, senken damit das Niveau der Lehrveranstaltung und bremsen schlimmstenfalls noch den Lernfortschritt ihrer Kommilitonen. Sollten also Lehramtsstudierende von der Pflicht ausgenommen werden, Übungen und Seminare zu besuchen, in denen GIS-gestützte Methoden zur Anwendung kommen? Diese Schlussfolgerung erscheint vor allem aus zwei Gründen weniger zielführend. Zum einen üben Produkte, die auf GIS-Technologie basieren oder diese implementieren, einen wachsenden Einfluss auf den Alltag vieler Menschen aus. Gemeint sind hier beispielsweise klassische Navigationssysteme, aber insbesondere diverse Smartphone-Applikationen zum Finden von Verkehrsmitteln (ÖPNV-Fahrplanauskunft, Car-Sharing, Bike-Sharing) oder durch andere bewertete Einrichtungen. Im Sinne eines lebensweltlich angepassten Unterrichts sowie einer kritischen Medienpädagogik sollten Lehrkräfte in die Lage versetzt werden, die Hintergründe solcher Programme kennenzulernen (FRANK 2012). Wer selbsterhobene Geodaten aufbereitet und mit eigenen Daten verknüpft hat, kann die vielfältigen Möglichkeiten solcher Systeme wahrscheinlich besser einschätzen und ein stärkeres Bewusstsein für einen sensibleren Umgang mit personenbezogenen Informationen schaffen.

Ein weiterer Grund ist, dass durch den hohen Anteil von Lehramtsstudierenden innerhalb des Faches Geographie es bei einer Separierung dieser Gruppe zu einer Einschränkung der Themenvielfalt und des interdisziplinären Austauschs kommen würde. Darüber hinaus kann eine engagierte, mit den Arbeitsweisen der Fachdisziplin vertraute Lehrkraft einen entscheidenden Einfluss auf die spätere Studienplatzwahl ihrer Schülerschaft haben. Daher sollte die Attraktivität des Studiums für angehende Multiplikatoren des Faches vielleicht noch deutlicher herausgestellt werden.

Doch wie können GIS-gestützte Methoden der Fachgeographie in vereinfachter Form in einem meist fachübergreifenden Schulunterricht eingesetzt werden? Für die Mittel- und Oberstufe gibt es im deutschsprachigen Raum bereits seit den 1990er Jahren erste Anwendungsbeispiele. Seit 2003 wird der Einsatz von GIS als digitales Arbeitswerkzeug in immer mehr Lehrplänen empfohlen oder sogar vorgeschrieben (CREMER et al. 2004, S. 6).Die Anwendungsempfehlungen folgen dabei zumeist FALK, SCHLEICHER (2005), welche erstmalig einen theoriegeleiteten Ansatz zur Didaktik und Methodik des schulischen GIS-Einsatzes verfolgten. Hierbei wurde ein Stufenmodell entwickelt, welches von Lehren über GIS in Klasse 5, Lehren mit GIS in Klasse 6, Lernen mit GIS in Klasse 8 bis zu Forschen mit GIS ab Klasse 10 reicht (SCHLEICHER 2007). Eine Anwendung von GIS in der Grundschule ist in diesem Modell nicht vorgesehen; darüber hinaus fehlte es zu dieser Zeit an Praxisbeispielen in den einschlägigen Fachzeitschriften.

Die eingangs gestellte Frage sollte also auf den Unterricht in Primarschulen präzisiert werden. Können GIS-gestützte Methoden auch im Primarschulbereich eingesetzt werden?

Zur Beantwortung dieser Frage wurde im Sommer 2011 ein Schulversuch an einer Grundschule in der Übergangszeit von der 3. in die 4. Klasse durchgeführt. Praktisch angewendet sollten die Methoden, welche in der Übungsreihe Erfassen und Bewerten der urbanen Kulturlandschaft zwischen 2008 und 2011 am Institut für Geographie der Universität Hamburg vermittelt wurden (HOPPE, BRAUCKMANN 2009). Die Kulturlandschaftsforschung als Teilbereich der Geographie mag besonders für eine altersgerechte Adaption geeignet sein, da diese an der Schnittstelle zwischen Geschichte, Gesellschaft und Umwelt angesiedelt ist, ohne dabei physisch-geographische Themen wie die Entstehung von Landschaftstypen unberücksichtigt zu lassen. Damit lassen sich kulturlandschaftliche Themen leicht in Unterrichtsfächer eingliedern, welche im schulischen Kontext häufig als Gesellschaftswissenschaften oder Sachunterricht subsumiert werden.

Kulturlandschaftsforschung

In der Kulturlandschaftsforschung werden die Auswirkungen des Menschen auf die Landschaftsgestalt und ihr Wandel untersucht. Im Sinne der Raumtheorien von Ernst Bloch wird Kulturlandschaft als „Nebeneinander als dessen [...], was in einem bestimmten Zeitraum oder zu einem bestimmten Datum präsent, kopräsent, koexistent ist," begriffen (SCHLÖGEL 2002, S. 314). Im Gegensatz zu den gängigen geschichts-

103

wissenschaftlichen Ansätzen ist die Perspektive demnach von der Gegenwart in die Vergangenheit gerichtet. Damit unterscheidet sich die heutige Kulturlandschaftsforschung stärker von früheren Arbeiten, in denen idealisierte Landschaftstypen einer Epoche zugeordnet wurden und konserviert oder gar restauriert werden sollten. Rein deskriptive oder kausal-genetische Methoden (z.B. HALAMA 2006) sind mittlerweile zugunsten verschiedener quantitativer und qualitativer Vorgehensweisen in den Hintergrund getreten. Geoinformationssysteme kommen daher selbst in der Kooperation mit Laien, wie sie für die Disziplin typisch ist, zur Anwendung (BHU 2008). Neuere Studien sind größtenteils dreistufig gegliedert (SCHENK 2002), die mit den Schlagworten Erfassen, Bewerten, Nutzen der Kulturlandschaft umschrieben werden können (z.B. WINKLER 2014). Zunächst wird eine Erfassung sowie Beschreibung von einzelnen Elementen und prägenden Strukturen durchgeführt. Hierfür werden zu Beginn historische und aktuelle Kartenwerke sowie unterschiedliche Schriftquellen vergleichend analysiert und, soweit räumlich eindeutig verortbar, in ein GIS eingepflegt. Bei der anschließenden Geländearbeit kommen regelmäßig standardisierte Kartierschlüssel (NAGEL 2001, 2006), GPS-Geräte sowie Fotokameras zum Einsatz. Die so gewonnenen Daten werden in eine Datenbank eingepflegt und dann mit dem GIS verknüpft. Durch die Verknüpfung mit anderen Geoinformationen soll eine weitestgehend objektive Bewertung ermöglicht werden, die wirtschaftliche, gesellschaftliche, ökologische, didaktische und ästhetische Aspekte berücksichtigt (EGLI 2001). Im dritten Schritt sollen dann Überlegungen angestellt werden, wie die gesellschaftliche Akzeptanz einzelner Kulturlandschaftselemente sensibilisiert werden kann, um Erhaltungsmaßnahmen, aber auch eine Umwandlung zu rechtfertigen.
Im Rahmen der Übungen zu Themen der Kulturlandschaft lernen die Studierenden wichtige Grundlagen kennen, wie Karteninterpretation, Digitalisierung und Georeferenzierung von Karten, Erstellung von Layern im GIS und Verknüpfung mit Daten, Geländedatenerhebung mit eigenem themenspezifischen Kartierschlüssel sowie GPS, Erhebung und Weiterbearbeitung von GPS-Daten (z.B. Universität Hamburg 2006, S. 56). Dadurch sollten die Studierenden im Anschluss der Übung in der Lage sein, eigene kleine Forschungsprojekte durchzuführen und die Grundlagen im Selbststudium zu vertiefen.

Unterrichtsinhalt
Der Hamburger Bildungsplan für den Lernbereich Gesellschaftswissenschaften (FHH 2010) fordert die Durchführung des Themas Hamburg. Im Rahmen der nicht weiter definierten Unterpunkte (Stadtentwicklung und Gliederung Hamburgs, Hamburg im Mittelalter, Sich versorgen früher und heute sowie Orientierung in Hamburg und Umgebung: HVV-Projekt) sind die Lehrkräfte frei in der Schwerpunktsetzung und Methodenwahl.
Für den Schulversuch wurde der Hauptfokus auf die historische Stadtentwicklung gelegt, wo die größte Schnittmenge zur Kulturlandschaftsforschung besteht. Den Schülerinnen und Schülern sollte ihr Sozialraum (Erfahrungsraum) als historisch ge-

wachsen bewusst gemacht und verdeutlicht werden, dass innerhalb des Raumes die Einflüsse verschiedener Epochen koexistieren und sich gegenseitig überlagern (SCHLÖGEL 2006). Aus diesem Grund sollten insbesondere solche Zäsuren der Stadtentwicklung thematisiert werden, welche im Umfeld der Schule noch heute raumprägend wirken. Dies bedeutet, dass bei einer Schule in einem Vorort zum Beispiel stärker rurale Relikte sowie die Suburbanisierung thematisiert werden würde, bei einem gründerzeitlichen Stadtquartier vor allem die soziale und wirtschaftliche Lage im 19. Jahrhundert.

Für das aktuelle Stadtbild Hamburgs gilt, dass das 19. und 20. Jahrhundert wesentlich präsenter ist als beispielsweise die Frühe Neuzeit oder das Mittelalter. Von der lokalen Baugeschichte betrachtet, sind vor allem die Ereignisse Großer Brand (1842), Fall der Torsperre (1860), Zollanschluss (1881), Cholera-Epidemie (1892), Erster Weltkrieg/Ende des Kaiserreichs, Weimarer Republik mit Reformwohnungsbau, Nationalsozialistische Zeit mit Judenvernichtung, Groß-Hamburg-Gesetz (1937) und Kriegszerstörungen im Laufe der Operation Gomorrha (1943), Wiederaufbauphase sowie die Reurbanisierung seit den 1990er Jahren für die heutige Stadtphysiognomie prägend (SCHUBERT 2005).

Für den Schulversuch wurde eine Schule gefunden, welche in direkter Nachbarschaft zum Institut für Geographie liegt. In diesem innenstadtnahen Wohnquartier sammeln auch die Studierenden erste Erfahrungen mit der Geländeerhebung. Das Gebiet ist insofern prädestiniert, da sich in geringer Entfernung zueinander unterschiedlichste Bautypen finden lassen. In verschiedenen Stilarten des Historismus finden sich hier Stadtvillen in Reihenbauweise, Mehrparteienwohnhäuser sowie öffentliche Gebäude, neben Gebäuden der Zwischenkriegszeit oder der Wiederaufbauphase. Daher boten sich für den Schulversuch folgende Schwerpunktthemen an (BRAUCKMANN 2012b):

- Ländliche Situation bis in die 1880er Jahre/Naturräumliche Gliederung,
- Wohnungsbau vor und nach der Cholera 1892,
- Reformwohnungsbau,
- Kriegszerstörung und Wiederaufbau.

Unterrichtsziele

Der Schulversuch wurde für zwei Adressaten durchgeführt. Zum einen für die Studierenden, insbesondere des Lehramts für die Primar- und Mittelstufe, zum anderen für die Schülerinnen und Schüler.

Für die Studierenden ging es darum, durch ein Praxisbeispiel aufzuzeigen, dass sich die im Geographiestudium kennengelernten Methoden auch im Grundschulunterricht anwenden lassen. Diese Erkenntnis kann zu einem gesteigerten Interesse und einer höheren Motivation im Studium führen, das eigeninitiative Lernen fördern sowie Gruppenergebnisse verbessern helfen. Aus Sicht der Kulturlandschaftsforschung ging es dezidiert darum, dass die hier angewendeten Methoden auch für eine vereinfachte Anwendung mit Laien sehr geeignet sind. Unter dem Motto ‚Was Grundschulkinder können, kann für Erwachsene nicht zu schwierig sein‘ soll dieses Praxisbeispiel eigene Überlegungen zur Anwendung in der Arbeit mit höheren Klassenstufen oder in der außeruniversitären Erwachsenenarbeit anregen. Für die Schülerinnen und Schüler ging es um die Schulung verschiedener Kompetenzen. Hierfür wurden Unterrichtsphasen konzipiert (Tab. 1), in denen unterschiedliche Methoden angewendet werden sollten. Der teilweise diffuse Kompetenzbegriff wurde so aus dem bereits erwähnten Bildungsplan (FHH 2010) entnommen. Demnach ist Kulturlandschaftsforschung an der Schnittstelle zwischen den Kompetenzbereichen Orientierung im Raum und Orientierung in der Zeit anzusiedeln. Diese Orientierungen sollen durch einen handlungsorientierten Ansatz vermittelt werden. Die Thematisierung des direkten Umfelds der Schule, also eines vermeintlich vertrauten Raums der Schulkinder, soll eigene Fragestellungen und Vermutungen zur Entstehungsgeschichte anregen (BORRIES 2008). Historische Ereignisse und die Landschaftsgenese sollen auf diese Weise erkannt, diskutiert und auf ihre Übertragbarkeit in einem überlokalen Kontext hin überprüft werden. Wie in der Kulturlandschaftsforschung üblich, wird dabei die Perspektive von der Gegenwart in die Vergangenheit eingenommen. Die Schülerinnen und Schüler sollen dadurch erkennen, dass Vergangenes zwar unwiederbringlich vorbei ist, aber häufig noch prägenden Einfluss auf Gegenwart und Zukunft hat (BERGMANN 2008; SCHREIBER, GRUBER 2009). Dabei erscheint es angebracht, die aktuelle Raumwahrnehmung in einen Kontext der jeweiligen Generationen zu setzen (Wie hat das Schulumfeld ausgesehen, als meine Eltern/Großeltern/Ur-Großeltern so alt waren wie ich?).

Herkömmliche Unterrichtsbeispiele und Lehrbücher nehmen dagegen meist die Perspektive von der Vergangenheit in die Gegenwart ein. In Hamburg bedeutet dies, dass die frühmittelalterliche Stadtgründung sowie die Hansezeit sehr ausführlich thematisiert werden. Diese Epochen sind jedoch kaum noch im Stadtbild präsent und von der zeitlichen Vergangenheit so weit von der Lebensrealität der Schülerinnen und Schüler entfernt, dass diese kaum Bezüge zu ihrer aktuellen Situation ziehen können. Dieser Effekt verstärkt sich, wenn aufgrund der begrenzten Unterrichtszeit die Übergänge in neuere Epochen gestrafft werden oder ganz ausfallen.

Die Verknüpfung von Geschichte (Orientierung in der Zeit) und Geographie (Orientierung im Raum) fördert das räumlich-vernetzte Denken (SCHÄFER, ORTMANN, RIEGER 2008). Durch die Kartenarbeit lernen die Schülerinnen und Schüler verschiedene Kartentypen sowie historische Quelle kennen, aus denen naturräumliche und durch den Menschen verursachte Veränderungsprozesse interpretiert werden können. Die Geländearbeit schafft nicht nur ein Verständnis für die Herausforderungen bei der Kartenerstellung, sondern stärkt auch die visuellen und deskriptiven Kompetenzen. Eine Anwendung der GPS-Geräte, Fotokameras und des GIS-Programmes als Werkzeuge zur Erschließung von Fachinhalten sollen als Selbstverständlichkeit im Sinne einer studiums- und berufsnahen Schulausbildung vorgestellt werden, wie es im Bildungsplan gefordert wird (FHH 2010).Bei der praktischen Geländearbeit, die in Kleingruppen durchgeführt wird, sowie bei der anschließenden Auswertung und Interpretation der erhobenen Daten soll außerdem eine Stärkung sozialer Kompetenzen stattfinden, wie Interaktion, Konfliktakzeptanz und rationale Arbeitsteilung. Der Vorteil der nahraumorientierten Arbeitsweise ist, dass Schülerinteresse stärker in den Vordergrund rücken zu können. Hierfür muss die Lehrkraft in der Lage sein, spontan und flexibel auf die Fragen der Schülerinnen und Schüler einzugehen. Dies bedingt eine sehr gute Vorbereitung bereits in der Gestaltung der Unterrichtsmaterialien sowie der einführenden Unterrichtsphase.

Tabelle 1: Unterrichtsphasen und Lernziele (BRAUCKMANN 2011)

	Unterrichtsphase	Methodeneinsatz	Kompetenzen
Klasse	Einführende Unterrichtsphase durch Lehrkraft (Präsentation unterschiedlicher Karten und Abgrenzung des Untersuchungsraums)	Kartenkunde/Kartenvergleich	Analysefähigkeit Orientierung im Raum Orientierung in der Zeit
			Soziale Kompetenz (insb. Interaktion)
Gruppenarbeit	Projektorientierte Geländebegehung (Kartierung von Gebäuden)	Kartierschlüssel	Visuelle und deskriptive Kompetenz Orientierung im Raum Orientierung in der Zeit
	durch Lehrkraft unterstützte Auswertung	Geoinformationssystem	Analysefähigkeit Medienkompetenz/Mediengestaltung
	Präsentation der Gruppenergebnisse	Präsentation/Diskussion	Kommunikationskompetenz Konfliktakzeptanz und Konfliktregelung
			Soziale Kompetenz (insb. Teamfähigkeit, Interaktion, Arbeitsteilung)
Klasse	Zusammenfassung der Teilergebnisse und Abschlussdiskussion	Diskussion	Ergebnissicherung Verknüpfung der eigenen Ergebnisse mit Lerninhalten
			Soziale Kompetenz (insb. Interaktion)

Unterrichtsmaterialien

Bei der Wahl der Unterrichtsmaterialien wurde darauf geachtet, dass diese nicht nur mit den Mitteln, die an der Universität zur Verfügung stehen, bereit gestellt werden können, sondern auch an (Hamburger) Grundschulen vorhanden sein könnten.

Für die Untersuchung des Schulumfeldes stand folgende Ausstattung zur Verfügung:

- diverse Kartenwerke,
- Geoinformationssystem (GIS),
- GPS-Geräte,
- Fotokameras,
- angepasster Kartierschlüssel,
- selbstgestaltetes Arbeitsblatt.

Die Karten unterschiedlicher Maßstäbe und Ausgabestände (BRAUCKMANN 2012a, S. 313) waren für den Schulversuch selbst digitalisiert und georeferenziert worden und entstammten universitären Sammlungen. Da die Originale aber durch den Landesbetrieb Geoinformation und Vermessung, bzw. seiner Vorgänger, erstellt worden sind, müsste es möglich sein, diese Daten auch den Schulen kostengünstig zugänglich zu machen. Optimal wäre der Aufbau eines Geodatenservers, von dem die Bildungseinrichtungen amtliche, digitale Geodaten für ihre Zwecke herunterladen und weiterbearbeiten dürfen.

Als Geoinformationssystem wurde ArcGIS, also ein Desktop-GIS, der Firma ESRI gewählt. Die Wahl fiel auf dieses GIS, da es einerseits standardmäßig in der universitären Lehre eingesetzt wird, andererseits der Stadtstaat Hamburg eine Landeslizenz für dieses Programm besitzt. Dies hat den Vorteil, dass die angehenden Lehrkräfte mit diesem GIS vertraut sind und es von den Schulen relativ einfach beschafft werden kann.

Als GPS-Geräte standen institutseigene Geräteder Firma Garmin zur Verfügung. Die GPSmap-Reihe hat neben der Kartenfunktion zwar den Vorteil, dass Wegpunkte mit einem Tastendruck gesetzt werden können, für einen schulischen Einsatz würden jedoch auch deutlich einfachere und damit kostengünstigere Geräte ausreichen. Im Gegensatz zur Verwendung von GPS-Geräten für ältere Lernende (ZECHA 2012; MICHEL, HOF 2013), wo Punkte gezielt mit Hilfe von Koordinaten angesteuert werden sollen, geht es im Grundschulbereich vielmehr darum, Wegpunkte und Koordinaten vor Ort aufzunehmen. Dies stellt mithin die einfachste GPS-Anwendung dar und erfordert eine geringere Positionsgenauigkeit.

Im Gegensatz zur Kulturlandschaftsforschung, wo in der Regel Spiegelreflexkameras teilweise sogar mit GPS-Funktion verwendet werden, reichen für den Einsatz in der Grundschule einfache Kompaktkameras, wie sie bereits standardmäßig an vielen Schulen im Sachunterricht Verwendung finden.

Wichtigster Bestandteil einer Geländeerhebung ist der standardisierte Kartierschlüssel, der themenspezifisch modifiziert werden kann (NAGEL 2001). Für den Schulversuch wurde ein Kartierschlüssel erstellt, welcher gegenüber den in den universitären Übungen verwendeten Exemplaren inhaltlich marginal reduziert und an die im Bildungsplan geforderten Aspekte (FHH 2010) angepasst wurde. Der Kartierschlüssel (s. Abb. 2) soll folgende Erkenntnisse ermöglichen (BRAUCKMANN 2012b, S. 65):

• Ein Gebäude lässt sich durch eine vollständige Adresse (Punkt 2) oder Geokoordinaten (Punkt 3) eindeutig identifizieren.

• Durch den GIS-gestützten Kartenvergleich lassen sich Strukturveränderungen der Grundrisse erkennen und erste Annahmen über die Baualtersklasse machen (Punkt 4).

• Die Farbe eines Gebäudes (Punkt 5) kann ebenfalls einen Hinweis auf die Baualtersklasse geben. Die unterschiedliche Farbgebung hängt häufig auch davon ab, ob die Fassade als Putz- oder Ziegelfassade ausgeführt wurde. Abweichungen gegenüber der erwarteten und vor Ort vermuteten Baualtersklasse sind zu diskutieren.

• Punkt 6 (Anzeichen für frühere Ladennutzungen) wurde zur Vorbereitung der Unterrichtseinheit ‚Sich versorgen früher und heute' eingeführt. Hier können Erkenntnisse über Lage, Verkaufsfläche und Erreichbarkeiten historischer Nahversorgung gesammelt werden.

- Die Nutzung innerhalb eines Gebäudes (Punkt 7) hängt ebenfalls sehr stark von den Stadtentwicklungsperioden ab, welche zu einer zunehmenden Funktionsentmischung führten. Über die eigene Kartierung von rein monofunktionalen Wohnstraßen erschließt sich der Gegensatz zur historischen Situation (Wohnen und Arbeiten in einem Haus) leichter.

- Die eigene Beschreibung (Punkt 8) ermöglicht schließlich, weitere Beobachtungen zu notieren, welche sich nicht in das ansonsten starre Schema des Kartierschlüssels anpassen lassen. Für eine quantitative Auswertung sind diese Erkenntnisse zwar nicht zu nutzen, dafür schulen sie die individuelle Beobachtungsgabe und unterstützen eine detailreiche Präsentation der Ergebnisse.

Mithilfe des GIS und der verschiedenen Karten wurde ein eigenes Arbeitsblatt erstellt (s. Abb. 1). Anders als bei vorgefertigten Materialien stehen hier das Schulgebäude und das direkte Schulumfeld im Mittelpunkt. Ein Vergleich mit der historischen Situation sowie das Erkennen von Unterschieden zwischen einer Luftbildplankarte sowie einer Plankarte sind hier ermöglicht. Der Vorteil, ein solches Arbeitsblatt mit dem GIS zu erstellen, und nicht mit einem Grafikprogramm liegt darin, dass die im GIS im gleichen Referenzsystem georeferenzierten Karten trotz unterschiedlicher Nordweisung, Bildqualität sowie Ursprungsmaßstabsgröße automatisiert übereinandergelegt werden können. Dadurch ist es beispielsweise möglich, die jeweiligen Kartenausschnitte mit einem selbstgewählten, mathematisch korrekten Maßstab zu erstellen. Das Arbeitsblatt kann dann sowohl im Klassenraum als auch in der Geländearbeit eingesetzt werden.

Unterrichtsverlauf

Die Unterrichtsgestaltung folgte dem in Tab. 1 skizzierten Schema. Zunächst wurde eine projektionszentrierte Einführung im Klassenverband abgehalten. Bereits vor dem eigentlichen Unterrichtsbeginn war das GIS mit einer aktuellen Luftbildplankarte gestartet worden. Als die Schülerinnen und Schüler den Klassenraum betraten, fingen sie ohne Aufforderung an, die Karte zu interpretieren und gezielt Gebäude im Schulumfeld, das eigene Wohnhaus oder andere Raumelemente zu suchen. Hier zeigte sich, dass die Mehrheit der Schülerinnen und Schüler durch internetbasierte Kartendienste, wie GoogleMaps oder MicrosoftBing, sich bereits außerschulisch Grundkenntnisse in der Karteninterpretation angeeignet hatten. Auf diesen Kenntnissen aufbauend, wurde zunächst der Unterschied zwischen Luftbild und Karte thematisiert. Dies wurde am Beispiel einer benachbarten Hochbahnlinie veranschaulicht, welche auf der Plankarte deutlich eingezeichnet, im Luftbild aber vollständig durch seitlichen Bewuchs überdeckt war.

Beim Wechsel zwischen den unterschiedlichen Kartentypen suchten die Schülerinnen und Schüler vertraute Orte ihrer Wahl. Hierbei kam die Klasse selbst auf die Idee schwierig zu findende Punkte mit Hilfe von identifizierten benachbarten Punkten zu lokalisieren.

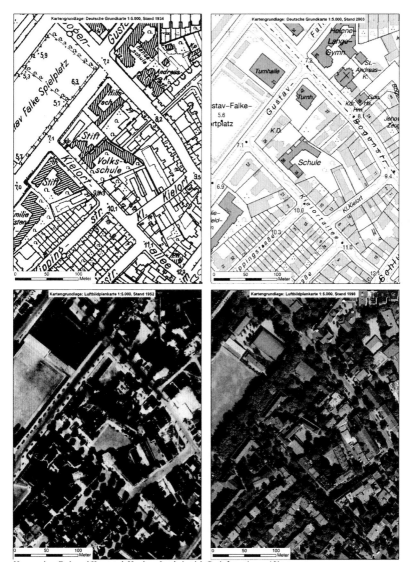

Herausgeber: Freie und Hansestadt Hamburg Landesbetrieb Geoinformation und Vermessung
Zusammengestellt: Stefan Brauckmann, Institut für Geographie, Universität Hamburg

Abb. 1: Mit dem GIS individuell auf das Schulumfeld zugeschnittenes Arbeitsblatt (BRAUCKMANN 2012b)

In einem nächsten Schritt wurde nun die zeitliche Komponente mit einer Luftbildplankarte von 1952, also aus der Jugendzeit der Großeltern, eingeführt. Obwohl es sich
um denselben Kartenausschnitt handelte, gelang es den Schülerinnen und Schülern
zunächst nicht, sich auf diesem Kartenbild zu orientieren. Erst als auf einer aktuellen

Karte das Schulgebäude als *shapefile* abdigitalisiert wurde und hiernach als Ebene über das historische Luftbild gelegt wurde, gelang es ihnen, nach vertrauten Orten zu suchen, diese zu identifizieren und Überlegungen zu den Veränderungen zur aktuellen Situation anzustrengen. Dabei wurde insbesondere die in diesem Gebiet leicht erkennbare Kriegszerstörung angesprochen. Durch Grundkartenblätter aus der Vor- (1938) und der Nachkriegszeit (1958) wurde die raumprägende Zäsur durch den Krieg noch stärker verdeutlicht.

Hiernach wurde eine Topographische Karte von 1895 gezeigt. Obwohl das Schulgebäude zu diesem Zeitpunkt noch nicht errichtet worden war, identifizierten die Schülerinnen und Schüler die Lage sofort. Dabei wurde die historische Bebauungsgrenze ('Die Stadt hört hier auf') angesprochen, die vor dem Schulgebäude verläuft. Diese Grenze zwischen dicht bebauten Gebiet und Freiflächen regte verschiedene Überlegungen an. Diese wurden genutzt, um über die soziale Lage und Wohnsituation im ausgehenden 19. Jh. sowie die Folgen zu sprechen. An dieser Stelle zeigte sich, dass es Schwierigkeiten gab, das bereits im Unterricht thematisierte Mittelalter vom Industriezeitalter zu unterscheiden. Zur Verdeutlichung, dass es sich bei dem Schulumfeld um ein Gebiet handelt, welches erst nach dem Fall der Torsperre (1860) von der Stadt Hamburg ausgehend besiedelt wurde, fand ein Wechsel der Maßstabsebene statt. Anhand von Flurnamen, z.B. Endungen mit Tor oder Wall, sowie Freiflächen im Stadtbild wurde die frühere Stadtbefestigung nachvollzogen und zwischen historischer Stadtgrenze und Schule gemessen. Mithilfe dieser in der Kulturlandschaftsforschung üblichen Flurnameninterpretation wurden dann nahräumliche Flurnamen aufgegriffen. Ein Schüler wählte das Beispiel einer Straße, die sehr geeignet war, auf naturräumliche Veränderungen seit dem Mittelalter einzugehen. Durch eine Ebene des Gewässerverlaufs um 1100 n. Chr., welche im GIS eingeblendet wurde, konnte die Vermutung, dass die Gegend bei der Hohe Weide genannten Straße höher gelegen sein müsse als die Umgebung, bewiesen werden. Als der Kartenhintergrund von einer aktuellen Karte auf die Karte von 1895 gewechselt wurde, erkannten die Schülerinnen und Schüler auch einen Grund für die Bebauungsgrenze; die Schule sowie der nördlich angrenzende Teil liegen in einem historischen Überschwemmungsgebiet eines kanalisierten Zuflusses der Alster. In einer kleineren Maßstabsebene wurde durch den historischen Gewässerverlauf auch die Lage der Hamburger Altstadt und des historischen Siedlungskernes verständlicher.

Zur Zusammenfassung wurde der bisherige Betrachtungswinkel von der Gegenwart in die Vergangenheit umgedreht und ausgehend vom Mittelalter die verschiedenen anthropogenen und naturräumlichen Zäsuren in der Stadtentwicklung thematisiert. Bei den aktuelleren Ereignissen wurde anhand der jeweiligen Karten ein generationeller Bezug hergestellt.

Im Anschluss an den projektionszentrierten Unterrichtsteil sollte die Geländebegehung durchgeführt werden. Hier war es möglich, die in den Kartenbildern erkannten Veränderungen in der Landschaft nachzuvollziehen. Die Klasse wurde hierfür in Kleingruppen eingeteilt. Jede Gruppe bestand aus vier bis fünf Personen, die jeweils ein GPS-Gerät, eine Fotokamera sowie Kopien des Kartierschlüssels (s. Abb. 2) und des Arbeitsblattes (s. Abb. 1) erhielten. Die Schülerinnen und Schüler begannen sofort mit großem Engagement die Kartierung. Für ein Gebäude benötigten sie 10 Minuten, wobei es zu einem intensiven gruppeninternen Austausch kam. Völlig ungeplant kamen die einzelnen Gruppen auch immer wieder mit Passanten ins Gespräch, von denen sie weitere Hilfestellungen und Informationen erhielten. Nach 30 Minuten wurde die Kartierung abgebrochen, obwohl die meisten Schülerinnen und Schüler gerne noch weitergearbeitet hätten. Leider konnte aufgrund der für diesen Schulversuch begrenzten Zeit auch keine Auswertung der Ergebnisse mehr stattfinden. In diesem Teil wären die selbsterhobenen GPS-Daten, also die Wegpunkte und die automatisch aufgenommene Wegstrecke, in das GIS geladen und die untersuchten Gebäude in der aktuellen Karte markiert worden. Hiernach hätte die Klasse auf Grundlage der historischen Karten das eigene Untersuchungsgebiet nachvollziehen können. Dabei wären die bereits im ersten Unterrichtsteil thematisierten Schwerpunkte erneut wiederholt worden.

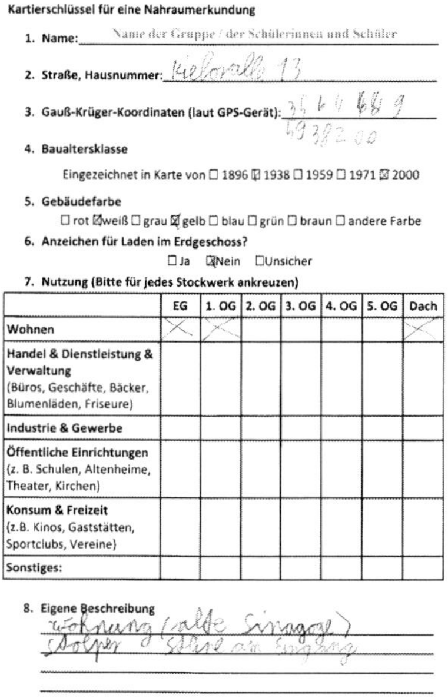

Kartierschlüssel für eine Nahraumerkundung

1. Name: Name der Gruppe / der Schülerinnen und Schüler
2. Straße, Hausnummer: Kielortallee 13
3. Gauß-Krüger-Koordinaten (laut GPS-Gerät): 3564689 / 4938200
4. Baualtersklasse

   Eingezeichnet in Karte von ☐ 1896 ☒ 1938 ☐ 1959 ☐ 1971 ☒ 2000
5. Gebäudefarbe

   ☐ rot ☒ weiß ☐ grau ☒ gelb ☐ blau ☐ grün ☐ braun ☐ andere Farbe
6. Anzeichen für Laden im Erdgeschoss?

   ☐ Ja ☒ Nein ☐ Unsicher
7. Nutzung (Bitte für jedes Stockwerk ankreuzen)

	EG	1. OG	2. OG	3. OG	4. OG	5. OG	Dach
Wohnen	X	X					X
Handel & Dienstleistung & Verwaltung (Büros, Geschäfte, Bäcker, Blumenläden, Friseure)							
Industrie & Gewerbe							
Öffentliche Einrichtungen (z. B. Schulen, Altenheime, Theater, Kirchen)							
Konsum & Freizeit (z.B. Kinos, Gaststätten, Sportclubs, Vereine)							
Sonstiges:							

8. Eigene Beschreibung

   Wohnung (alte Sinagoge)
   Stolper Steine am Eingang

Abb. 2: Für das Schulprojekt modifizierter und von einem Schüler ausgefüllter Kartierschlüssel (BRAUCKMANN 2011)

Fazit

Der Schulversuch hat gezeigt, dass generell der Einsatz von GIS und GPS-Geräten in der Grundschule möglich ist. Die durch das GIS ermöglichte besondere Fokussierung auf das Schulumfeld erlaubte einen an den Fragen der Schülerinnen und Schüler ausgerichteten, interessensgeleiteten und spontan agierenden Unterrichtsstil. Die teilweise schnellen Wechsel zwischen verschiedenen Maßstabs- und Zeitebenen sowie unterschiedlichen Kartentypen wurden von der Klasse angenommen und überforderte diese nicht. Wie die teilnehmenden Lehrkräfte berichteten, war die Konzentration und Motivation der Klasse erhöht, dies kann natürlich auch mit der ungewohnten Situation zusammenhängen.

Eine genaue Unterrichtsevaluation und Messung der Lernfortschritte gegenüber anderen Vorgehensweisen wurde in diesem ersten Schulversuch nicht durchgeführt. Dies wäre in einem weiteren Schritt unbedingt zu berücksichtigen. Dabei wäre zu untersuchen, ob die erste Beobachtung zutreffend ist, dass das vorgestellte Unterrichtsbeispiel tatsächlich zu einer besseren Orientierung im Raum sowie Orientierung in der Zeit, wie im Bildungsplan (FHH 2010) gefordert, beitragen kann.

Die Konzeption des Schulversuchs war sehr stark auf die spezielle Hamburger Situation und eine möglichst genaue Übertragung universitärer Lehre auf den Grundschulunterricht bezogen. Bei der Umsetzung im realen Schulalltag insbesondere in anderen Regionen werden sicherlich andere Schwerpunkte gesetzt werden müssen. Über das GIS-Programm (Desktop oder Online; Freeware oder Lizenz) wird wahrscheinlich ebenso diskutiert werden, wie über die Bereitstellung entsprechender Kartenwerke. Hier sind die jeweiligen Schulbehörden gefragt, entsprechende Infrastruktur für motivierte Lehrkräfte zur Verfügung zu stellen, um den gegenüber anderen Unterrichtsmethoden ehrhöhten Vorbereitungsaufwand möglichst gering zu halten.

Aus Perspektive der Kulturlandschaftsforschung kann festgestellt werden, dass die die dort angewendeten Arbeitsweisen in einer vereinfachten Form sehr gut in der Arbeit mit jungen Menschen und Laien anwenden lassen. Dies mag auch Inspiration für eigene Projekte von Studierenden und Lehrkräften sein, welche raum-zeitliche Themen an der interdisziplinären Schnittstelle zwischen Geographie und Geschichte zum Gegenstand haben.

Literatur

BERGMANN, K. (2008): Der Gegenwartsbezug im Geschichtsunterricht. Schwalbach.

BHU (BUND HEIMAT UND UMWELT IN DEUTSCHLAND) (Hrsg.) (2008): Kulturlandschaftliche Informationssysteme in Deutschland. Erfassen – Erhalten – Vermitteln. Bonn.

BORRIES, B. VON (2008): „Orte" des Geschichtslernens – Trivialität oder Schlüsselproblem?. – In: HANDRO, S., SCHÖNEMANN, B. (Hrsg.): Orte historischen Lernens. Berlin.

BRAUCKMANN, S. (2011): Kulturlandschaftsforschung im Geschichtsunterricht? Raumzeitliche Orientierung durch GIS-gestützte Nahraumanalyse. – Zeitschrift für Geschichtsdidaktik 10, S. 66-77.

BRAUCKMANN, S. (2012a): GIS in primary schools – Teaching local history and cultural landscape – In: JEKEL, T. et al. (Hrsg.): GI_Forum 2012: Geovisualization, society and learning. Berlin, Offenbach, S. 309-318.

BRAUCKMANN, S. (2012b): Geoinformationssysteme in der Grundschule – Mit Methoden der Kulturlandschaftsforschung zu einem nahräumlich angepassten Unterricht. – GW-Unterricht 127, S. 61-71.

113

CREMER, P., RICHTER, B., SCHÄFER, D. (2004): GIS im Geographieunterricht – Einführung und Überblick. – Praxis Geographie 34, Heft 2, S. 4-7.

EGLI, H.-R. (2001): Bewertungen, Kompetenzen und Instrumente der Kulturlandschaftspflege am Beispiel der Schweiz. – In: AKADEMIE FÜR RAUMFORSCHUNG UND LANDESPLANUNG (Hrsg.): Die Zukunft der Kulturlandschaft zwischen Verlust, Bewahrung und Gestaltung. Hannover, S. 182 - 189.

FALK, G., SCHLEICHER, Y. (2005): Didaktik und Methodik des schulischen GIS-Einsatzes. – Geographie heute 233, S. 2-7.

FHH (FREIE UND HANSESTADT HAMBURG) - LANDESINSTITUT FÜR LEHRERBILDUNG UND SCHULENTWICKLUNG (Hrsg.) (2010): Bildungsplan Primarschule. Lernbereich Gesellschaftswissenschaften. Hamburg.

FHH (FREIE UND HANSESTADT HAMBURG) (2012): Fachspezifische Bestimmungen für den Bachelor-Teilstudiengang Geographie innerhalb der Lehramtsstudiengänge der Universität Hamburg vom 26. September 2007 und 17. November 2010. – Amtlicher Anzeiger, Nr. 30, S. 676-695.

FRANK, F. (2012): Medienerziehung. – In: HAVERSATH, J.-B. (Moderator): Geographiedidaktik. Braunschweig, S. 167-174.

HALAMA, A. (2006): Rittergüter in Mecklenburg-Schwerin. Kulturgeographischer Wandel vom 19. Jahrhundert bis zur Gegenwart. – Mitteilungen der Geographischen Gesellschaft in Hamburg, Bd. 98.

HOPPE, T., BRAUCKMANN, S. (Hrsg.) (2009): Nord Barmbeck – Barmbek-Nord. Analyse eines zentrumsnahen Quartiers im aktuellen Strukturwandel. Norderstedt.

LÜDEMANN, S., LÖßNER, M. (2011): Warum werde ich Geographielehrer? Eine empirische Untersuchung zu den Berufswahlmotiven von Lehramtsstudierenden der Geographie an der Justus-Liebig-Universität Gießen. Aachen.

MICHEL, E., HOF, A. (2013): Promoting spatial thinking and learning with mobile field trips and egeo-riddles – In: JEKEL, T. et al. (Hrsg.): GI_Forum 2013: Creating the GISociety. Berlin, Offenbach, S. 378-387.

NAGEL, F. N. (Hrsg.) (2001): Kulturlandschaftsforschung und Industriearchäologie. Ergebnisse der Fachsitzung des 52. Deutschen Geographentages Hamburg. – Mitteilungen der Geographischen Gesellschaft in Hamburg, Bd. 91.

NAGEL, F. N. (Hrsg.) (2006): Türme, Schornsteine, Industrie-Mühlen, Land-Art: Bedeutung und Bewertung von Landmarken in der Kulturlandschaft. Norderstedt.

SCHÄFER, D., ORTMANN, G., RIEGER, M. (2008): Fächerverbindender Einsatz von GIS in der Schule. – In: JEKEL, T. et al. (Hrsg.): Lernen mit Geoinformation 3. Heidelberg, S. 126-131.

SCHENK, W. (2002): „Landschaft" und „Kulturlandschaft" – „getönte" Leitbegriffe für aktuelle Konzepte geographischer Forschung und räumlicher Planung. – Petermanns Geographische Mitteilungen 146, H. 6, S. 6-12.

SCHLEICHER, Y. (2007): Lernen mit Geoinformation – Potenzial zum Erreichen von Bildungsstandards? – In: JEKEL, T. et al. (Hrsg.): Lernen mit Geoinformation 2. Heidelberg, S. 20-31.

SCHLÖGEL, K. (2002): Kartenlesen, Raumdenken: von einer Erneuerung der Geschichtsschreibung. – Merkur 56, S. 308 – 318.

SCHLÖGEL, K. (2006): Im Raume lesen wir die Zeit. Über Zivilisationsgeschichte und Geopolitik. Frankfurt Main.

SCHREIBER, W., GRUBER, C. (Hrsg.) (2009): Raum und Zeit. Orientierung durch Geschichte. Neuried.

SCHUBERT, D. (2005): Hamburger Wohnquartiere: ein Stadtführer durch 65 Siedlungen. Berlin.

UNIVERSITÄT HAMBURG, INSTITUT FÜR GEOGRAPHIE (2010): Kommentiertes Vorlesungsverzeichnis Wintersemester 2010/2011. Aktualisierung Oktober 2010. Hamburg.

WINKLER, E. (2014): Magdeburg-Buckau und Hamburg-Wilhelmsburg. Industrielle Kulturlandschaftselemente, räumliche Identität und nachhaltige Stadtentwicklung. – Mitteilungen der Geographischen Gesellschaft in Hamburg, Bd. 106.

ZECHA, S. (2012): Geocaching, a tool to support enviromental education!? An explorative study. – Educational Research eJournal, Bd. 1, S. 177-188.

Dr. Stefan Brauckmann
Institut für Geographie
Bundesstraße 55
20146 Hamburg
brauckmann@geowiss.uni-hamburg.de

Stefanie Zecha, Thomas Schiller

Geocaching und Umweltbildung: eine mögliche Kombination?

In diesem Artikel wird versucht, die zunehmend populäre Idee des Geocachings mit den Zielen der Umweltbildung zu kombinieren. Im theoretischen Teil analysieren die Autoren den gegenwärtigen Diskussionsstand zum Thema Geocaching in Kombination mit Umweltbildung. Aus der theoretischen Diskussion folgen die Forschungsfragen: Welche typischen Eigenschaften für eine GPS-Bildungsroute im Sinne der Umweltbildung lassen sich ableiten? Wie können Caches geschickt gestaltet werden, um die Ziele der Umweltbildung zu fördern? Für die Beantwortung der Fragen verwenden die Autoren ein qualitatives Design mit Hilfe von ausgewählten GPS-Bildungsrouten und Interviews.

1 Natur als Abenteuer

In den letzten Jahren wurde eine zunehmende Entfremdung der Jugendlichen von der Natur festgestellt (BRÄMER 2006; ZECHA 2010). Ein grundlegendes Verständnis für die Zusammenhänge zwischen Umwelt, Wirtschaft und sozialen Einflussfaktoren stellt eine wichtige Basis für die Erhaltung der Natur dar. Um diese zu bewahren, müssen Jugendliche entsprechende Fähigkeiten und Fertigkeiten entwickeln. Dafür müssen sie lernen, vor allem natürliche und kulturelle Phänomene zu analysieren und miteinander in Beziehung zu setzen (LUDE 2005). Jugendliche brauchen ihre eignen Erfahrungen in der Natur, da diese deutlich effektiver sind als die Wissensvermittlung im Klassenzimmer (CORNELL 1991, REITER 1993). Naturerfahrungen bieten eine gute Möglichkeit für Jugendliche, eine Beziehung zur Natur auf- und auszubauen. Interaktionen mit der Natur können einen Prozess in Gang setzen, der der Natur eine Bedeutung gibt (SCHLEICHER 1997). ZECHA (2010) zeigte in ihrer Studie, dass Naturerfahrungen eine signifikante Bedeutung für Umwelthandeln haben. Gleichzeitig sind die heutigen Jugendlichen als so genannte *digital natives* (d.h. Menschen, die schon mit digitaler Technologie aufgewachsen sind: TULLY 2004), sehr vertraut mit der Verwendung von digitalen Medien wie Smartphones oder dem Internet (JIM STUDIE 2011). Der logische nächste Schritt ist, die moderne Technik für die Erziehung zu nutzen, um Jugendliche wieder an die Natur heranzuführen (HARTL 2006). Spezielle GPS-Geocachingrouten wurden in Deutschland kreiert, um Jugendliche durch die Methode des Geocaching mit Umweltthemen vertraut zu machen und ihnen so zu Naturerfahrungen aus der ersten Hand zu verhelfen. Die abschließende Frage ist, wie Geocachingrouten gestaltet werden müssen, um die Kriterien für eine gelungene Umwelterziehung zu erfüllen. Diese Studie trägt dazu bei, diese Frage zu beantworten.

2 Aktuelle Forschungslage

2.1 Definitorisches: Umweltbildung

Die Grundlagen der Umweltbildung können in den frühen 1970er Jahren gefunden werden. Der Grundstein wurde in der Belgrader Charter (UNESCO 1976) gelegt und in der Deklaration von Tbilisi ratifiziert: *"Environmental Education (EE) is a process in which individuals gain awareness of their environment and acquire knowledge, skills, values, experiences, and also the determination which will enable them to act – individually and collectively – to solve present and future environmental problems"* (UNESCO 1978). Zu dieser Methode existiert keine einheitliche Definition. Nach GIE-SEL (2012, S. 3-4) ist dieser Begriff nicht stabil, da er durch begriffliche und kulturelle Veränderungen gekennzeichnet ist. Folglich existiert in der fach-wissenschaftlichen Literatur keine einheitliche Definition.

Laut LAXMI (2010, S.10) besteht Umweltbildung aus folgenden Aspekten:

1. Umweltwissen – die Umwelt verstehen und die Herausforderungen, die daraus resultieren;
2. Fähigkeiten – über die Fähigkeiten verfügen, Umweltprobleme zu identifizieren;
3. Teilnahme – Möglichkeiten haben aktiv in Studien beteiligt zu sein, um Umweltprobleme zu lösen;
4. Bewusstsein – Sensibilität gegenüber der Umwelt und ihren Problemen und ihren Herausforderungen zu gewinnen;
5. Haltungen – einen Satz an Werten und Emotionen gewinnen, um sich aktiv bei der Lösung von Umweltproblemen zu beteiligen und zum Schutz der Umwelt beizutragen.

Die Umweltbildung verfolgt das Ziel der Entwicklung von Fähigkeiten, Bedürfnissen und moralischen Grundhaltungen der Adressaten, um sie zu befähigen, die ökologischen Anforderungen hinsichtlich der Bedeutung für gegenwärtige Generationen zu bestimmen und zu berücksichtigen (KAHLERT 2005, S. 668). Dabei muss die Umweltbildung insbesondere auf die aktuellen ökologischen Probleme eingehen, darf aber nicht nur auf vereinzelte Betrachtungsweisen reduziert werden, sondern muss mehrere wissenschaftlichen Positionen gewährleisten (BREITENBACH 2011). Für LAXMI (2010, S. 15) umfasst Umweltbildung kritisches und problemlösendes Denken und vermittelt dem Einzelnen Fähigkeiten und Fertigkeiten, um Umwelt-probleme von verschiedenen Seiten abzuwägen und dann fachlich begründete und verantwortungsvolle Entscheidungen zu treffen.

Entsprechend dieser Definition überschneidet sich Umweltbildung in Teilbereichen mit einer Bildung für Nachhaltigkeit, speziell in den Bereichen ökologische, soziale und kulturelle Verantwortung, weniger im Bereich der ökonomischen Aspekte. Da hier die Natur und die naturkundliche Bildung im Mittelpunkt stehen, wird der Begriff Umweltbildung verwendet und auf den Begriff BNE verzichtet. In der BNE wird die Bedeutung des Menschen in einer globalen und vernetzten Welt betont, die durch das eigene Handeln entstehen. Dieser Aspekt spielt in diesem Artikel erst in zweiter

Linie eine Rolle, in erster Linie geht es um das Handeln der Jugendlichen in der lokalen Umgebung (ROST 2001).

2.2 Begriff Digitale Medien: Geocaching, GPS-Bildungsrouten

Laut SCHLEICHER (2007) bestehen digitale Medien aus einer Hardware wie Computer,
Notebooks, GPS-Empfänger und einer Software wie Geoinformationssysteme. Die
folgenden Aspekte im Rahmen der Umweltbildung können mit Hilfe von digitalen Medien gefördert werden: problemorientiertes Lernen, kooperatives Lernen und akti-ven
Wissenserwerb (RIESS 2006, S. 70f). RIESS (2006) zeigt in seiner Untersuchung, dass
Wissenserwerb im Bereich Umweltbildung mit digitalen Medien, ohne selbst Zeit in
der Natur verbracht zu haben, nicht sehr erfolgreich ist. Geocaching bietet die Möglichkeit, digitale Medien außerhalb geschlossener Räume zu nutzen. "Geo-caching is
a high-tech treasure hunting game played throughout the world by adventure seekers
equipped with GPS devices. The basic idea is to locate hidden containers, called geocaches, outdoors, and then share your experiences online" (GROUNDSPEAK 2010).
Die Methode des Geocaching möchte Leute zu besonders attraktiven Orten zu führen, die sie mit Hilfe von GPS-Koordinaten, die meist online gestellt sind, und einem
GPS-Empfänger finden können (GRÜNDEL 2009; BURT 2010; WWW.GEOCACHING.COM;
WWW.OPENCACHING.DE; WWW.GEOCACHING-EVENTS.DE; TELAAR 2007). Diese Methode
verbreitet sich in der Bildung immer mehr, sowohl im formellen als auch im informel-
len Sektor (KOLLER 2010; IHAMÄKI 2007; TYSZKOWSKI 2009; CHRISTIE 2007; DOBYNS
2008) und damit auch in der Umweltbildung (HARTL 2006; PATUBO 2010; ECOMOVE
2011A; AKTION FISCHOTTERSCHUTZ 2011). Werden mehrere Geocaches, die in einem
thematischen Zusammenhang stehen, in einer Route gelegt, so handelt es sich um
eine GPS-Route. Eine Steigerung sind die so genannten GPS-Bildungsrouten, da
diese für sich auch implizieren, dass sie bewusst einen Bildungsauftrag zu einem
bestimmten Thema vermitteln. Jeder Cache beschäf-tigt sich mit einem Aspekt aus
dem gewählten Oberthema. Mit den Aufgaben der Caches werden bewusst ausgewählte Lerninhalte vermittelt. Außerdem lernen die Jugendlichen, sich zu orientieren
und beschäftigen sich mit Phänomenen in der Natur. Umweltpädagogen sind begeis-
tert von dieser Methode. Die Hochtechnologie schlägt die Brücke zur Natur, besonders für junge Menschen, die grundsätzlich kein Interesse an der Natur zeigen und
selten Zeit in ihr verbringen (HARTL 2006). Verschiedene Autoren (SCHÄFER 2010;
PATUBO 2010; HARTL 2006) beschäftigen sich bereits mit dem Zusammenhang zwischen Umweltbildung und GPS-Bildungsrouten. HARTL (2006) evaluiert eine Geocachingroute, deren Ergebnisse nicht sehr tief greifend sind. Bei der Auswertung seiner Studie kommt er zu dem Schluss, dass Naturerfahrungen mit Hilfe von GPS-
Empfängern möglich sind, aber sich nicht von denen geführter Touren unterscheiden. Er konnte keine nennenswerten Unterschiede hinsichtlich des Lerneffektes feststellen. PATUBO (2010) konzentriert sich in seiner Arbeit auf die negativen Auswirkungen des Geocaches auf die Natur, insbesondere auf die der Cachestandorte.
SCHÄFER (2010) stellt in seiner Bachelorarbeit eine GPS-Route zum Thema Umwelt-

bildung um Oldenburg vor; dabei konzentrierte er sich auf die verwendete Software, einen so genannten Audioguide mit einem programmierten Geoinformationssystem, der wie ein kleiner Taschencomputer funktioniert. Am Ende zeigt er die Vor- und Nachteile auf (SCHÄFER 2010). In ihren jeweiligen Studien berücksichtigen SCHÄFER, PATUBO und HARTEL nicht alle Aspekte der Umwelterziehung. HARTL (2006) und PATUBO (2010) betonen insbesondere den Wissenserwerb, andere Punkte, wie Probleme in der Natur erkennen oder Partizi-pation der Teilnehmer, spielen für diese Autoren keine Rolle. Die hier vorgestellte Studie bietet ein breiteres und tieferes Verständnis von GPS Bildungsrouten und Umwelterziehung. Folgende Forschungsfragen werden bearbeitet:

- Was sind die Charakteristika einer GPS-Bildungsroute nach den Kriterien der Umweltbildung von Laxmi?
- Wie können die Inhalte der Caches im Sinne einer Umweltbildung gestaltet werden?

3 Methoden

3.1 Forschungsdesign

Die Entscheidung für ein rein qualitatives Design fiel auf Grund der Tatsache, dass es nur wenige Arbeiten zum Thema GPS-Bildungsrouten gibt (SCHÄFER 2010; HARTL 2006; PATUBO 2010). Als Datengrundlage werden Interviews und bestehende ausgewählte GPS-Bildungsrouten im Bereich Umweltbildung verwendet.

3.2 Interview und Stichprobe

Das Ziel dieser Interviews war es, die mögliche positive Beziehung zwischen GPS-Bildungsroute und Umweltbildung herauszuarbeiten. Dafür wählte die Autorin ein qualitatives Forschungsdesign. Um neue Informationen zu gewinnen und einige Lücken in der raren vorhandenen Literatur zu füllen, sind Experteninterviews das wichtigste Untersuchungsmittel. Der Begriff Experte hängt vom Untersuchungsgebiet ab (MEUSER 1991). Dafür müssen die Interviewpartner bestimmte Kriterien erfüllen. Sie sollten entweder Experten im Bereich Geocaching sein oder in Umweltbildung und in der Kombination aus beiden. Der erste Interviewpartner ist ein anerkannter Experte im Bereich Geocaching (IVP 1). Er entwirft als Selbstständiger GPS-Bildungsrouten für unterschiedliche Events, z.B. für Firmenereignisse. Der zweite Experte studierte Landwirtschaft und arbeitet seit mehreren Jahren intensiv im Bereich Umweltbildung als Selbstständiger (IVP 2). Zwei weitere Experten wurden ausgewählt, die Geocachingrouten im Bereich Umweltbildung entwickeln. Einer von ihnen absolvierte einen Master in Geoökologie und plant Geocachingrouten ohne Verwendung von Cacheboxen, sonderndurch Nutzung des vorhandenen Geländes. Derartige Caches werden häufig auch Earth Caches genannt. (IVP 3). Interviewpartner 4 studierte Umweltbildung und entwickelt GPS-Bildungsrouten für Jugendliche, um die Natur zu erkunden. Die Autorin hatte keine privaten Verbindungen zu den Interviewpartnern.

Dies ist eine explorative Studie, die die Grundlage für weitere Untersuchungen legt; somit ist die Anzahl der Interviewpartner begrenzt. Dennoch sollen möglichst umfassend Informationen gewonnen werden. Während der Interviewphase begann die Autorin, die Ergebnisse zu untersuchen, um zu sehen, ob neue Informationen hinzukommen. Als die Autorin feststellte, dass dies nicht der Fall ist, beendete sie den Interviewprozess (JOHNSON 2002). Die Interviews fanden zwischen Dezember 2011 und Februar 2012 statt.

3.3 Interviewleitfaden

Die vier Interviewpartner absolvierten alle den gleichen Interviewleitfaden, der auf einem halb strukturierten Interviewleitfaden mit offenen Antworten basiert (FLICK 1992). Die Fragen wurden literaturbasiert (HARTL 2006; PATUBO 2010) entwickelt. Der Leitfaden umfasst zwei Teile, die nun beschrieben werden.

- Der erste Teil behandelte die Beziehung zwischen Geocachingrouten als Gesamtkonzept und Umweltbildung.
- Im zweiten Teil werden die speziellen Anforderungen an einen Cache im Sinne einer erfolgreichen Umweltbildung herausgearbeitet.

Der Interviewleitfaden erleichtert den Vergleich der Ergebnisse der einzelnen Interviews (GLÄSER 2006).

3.4 Bestehende Geocachingrouten

Ein weiterer Bestandteil des Forschungsmaterials sind vorhandene GPS-Bildungsrouten, die von verschiedenen Umweltzentren in Deutschland wie dem Fischotterzentrum in Hamburg oder dem SCHUBZ (UMWELTBILDUNGSZENTRUM DER HANSESTADT LÜNEBURG) entwickelt und betreut werden. Diese Routen wurden speziell ausgewählt, weil sie in einigen Punkten Aspekte der Definition von Umweltbildung nach LAXMI (2010) beispielhaft umsetzen. Die Geocachingrouten und ihre Caches werden später in diesem Artikel genutzt, um die aus den Interviews gewonnen Informationen zu illustrieren. Im Folgenden werden die ausgewählten Routen kurz beschrieben. 1. Die Wandse-Rallye mit dem Titel Der Lebensraum Wasse". Diese Geocachingroute folgt einem kleinen Fluss (Wandse), der in einer Wohngegend von Hamburg liegt. In neun Caches erarbeiten die Teilnehmer interaktiv Informationen zur Wandse aus verschiedenen Perspektiven (ECOMOVE 2011A). 2. Bei der Kreuzkröten-Route in der Nähe das Naturschutzgebiets Boberger Niederung wird das Thema Amphibien und ihre Umgebung durch 11 Caches illustriert (ECOMOVE 2011B). 3. Die Otter-Rallye, die ebenfalls in Hamburg liegt, zielt darauf ab, Jugendliche über die Lebensweise der Otter auf eine interdisziplinäre Weise zu informieren. 4. Die GPS-Bildungsroute Grünes Band liegt im ehemaligen Grenzstreifen zwischen West- und Ostdeutschland, der nun Naturschutzgebiet ist. Für diese Route entwickelten die Jugendlichen die Caches selbst. Die Inhalte der Caches beschäftigen sich mit dem Thema Grüner Streifen aus unterschiedlichen Perspektiven (SCHUBZ 2011). Die für diese Arbeit ausgewählten GPS-Bildungsrouten zeichnen sich durch ihre Einzigartigkeit aus und zeigen beispielhaft, wie Caches gestaltet werden können, um in der Umweltbildung sinnvoll genutzt zu werden.

4 Ausgewählte Ergebnisse

4.1 Zusammenhang zwischen GPS-Bildungsrouten und Umweltbildung

Zwei Methoden stehen zur Wahl bei der Gestaltung einer Route: „Die Jugendlichen können einer Route folgen, die für sie gemacht wurde, die andere Möglichkeit besteht darin, dass die Jugendlichen selber eine gestalten" (IVP 1). Zuerst soll die vororganisierte Route behandelt werden.

Im ersten Schritt entwickeln die Verantwortlichen ein umfassendes Konzept; dabei muss berücksichtigt werden, dass jeder Cache das Oberthema aus einer anderen Perspektive betrachtet. „Ich versuche jeden Cache mit dem zentralen Thema der Route zu verbinden. Als Folge wird das gewählte Thema aus verschiedenen Perspektiven behandelt" (IVP 3). In der GPS-Bildungsroute Grünes Band wird dies sehr gut illustriert. Ein *point of interest* (= Cache) behandelt dabei die ökologische Perspektive der Region, der andere die Besonderheit der Vegetation vor Ort, der dritte das Thema Grenztourismus aus ökologischer Perspektive. Der letzte *point of interest* (POI) zeigt Möglichkeiten auf, diese Region zu schützen (SCHUBZ 2011). Bei dem Durchlauf dieser GPS-Bildungsroute erarbeiten sich die Jugendlichen Wissen und Informationen auf eine interdisziplinäre Art und Weise (Umweltaspekte, technische, ökologische, moralische und ethische Aspekte). Dies entspricht den Postulaten der Umwelterziehung nach LAXMI (2010).

Um diese Ziele zu erreichen, muss die Umgebung der zukünftigen GPS-Bildungsroute genau analysiert werden. Die Thematik der Route sollte auch die alltägliche Lebenswelt der Kinder integrieren: „Es gibt verschiedene Möglichkeiten, das Leben der Jugendlichen zu integrieren: eine Möglichkeit ist, dass sie ihre eigene Route entwickeln. [...] Zuerst gehe ich mit den Kindern zu einem bereits existierenden Geocache, so dass sie sehen, wie ein Geocache aussieht. Dann entscheiden sie das Thema der Route und den Aspekt, den sie in ihrem Cache berücksichtigen wollen. Ein positiver Aspekt ist auch, dass die Teilnehmer von Anfang an miteinander kooperieren müssen" (IVP 4). Dieser Faktor beinhaltet auch einen wesentlichen Vorteil für den Alltag, denn die Teilnehmer müssen auch im alltäglichen Leben miteinander kooperieren. Die Selbsttätigkeit fördert zusätzlich die Motivation der Teilnehmer; sie werden aktiv, was ein wichtiger Aspekt der Umweltbildung laut LAXMI (2010) ist. Wenn die Teilnehmer ihre eigene Route entwickeln, müssen sie sich noch mehr mit der Thematik auseinandersetzen. Sie überlegen sich den Namen der Routen, der Caches, suchen den Ort für den Cache und der Höhepunkt ist dabei, dass die Schüler sich genau überlegen müssen, welchen Inhalt sie wie in den Caches präsentieren. Für eine erfolgreiche Lösung müssen sie in Gruppen arbeiten und eine gemeinsame Lösung finden. Diese Art Zusammenarbeit ist Teil der Umweltbildung (LAXMI 2010).

4.2 Caches in Bezug zur Umweltbildung

Um GPS-Bildungsrouten für die Umweltbildung sinnvoll einzusetzen, ist es notwendig, der Frage nachzugehen, welche Besonderheiten die Caches aufweisen müssen. Schon bei der Auswahl des Cachestandortes müssen verschiedene Aspekte berücksichtigt werden. „Die Caches müssen an einem speziellen Ort sein, so dass diese aus der Umgebung herausstechen, weil sie besonders einzigartig sind aus kultureller und ökologischer Sicht" (IVP1). Zu Beginn müssen die Teilnehmer bei der Erstellung eines Caches den ausgewählten Raum genau untersuchen und die einzigartigen Plätze finden, um sie dann mit den GPS-Geräten zu verorten, so dass sie später bei der endgültigen Auswahl deren Lage und Charakteristika gespeichert haben. „Man muss immer daran denken, dass die Natur sich immer wieder verändert. Viele Pflanzen tauchen nur einmal zu einer bestimmten Jahreszeit auf. Tiere sind auch nicht statisch. Sie bewegen sich von Ort zu Ort. Auf diese Verän-derungen kann der Cache nicht spontan reagieren" (IVP2). Diese Gegebenheiten müssen unbedingt bei der Auswahl der Cachestandorte berücksichtigt werden.

Häufig werden traditionelle Caches verwendet, da diese leichter zu handhaben sind. Earth Caches stellen dabei eine Sonderform dar. „Earth Caches sind ein gutes Beispiel. Ihr Vorteil besteht darin, dass sie keinen Behälter benötigen. Earth Caches sind besondere Plätze in der Natur, um mehr über die Natur zu lernen" (IVP3). Der Cachestandort veranschaulicht immer ein bestimmtes, einzigartiges Phänomen in der Natur und ermöglicht es Menschen, über bestimmte Aspekte in der Natur über einen interaktiven Prozess zu informieren. Dies passt gut zu der Formulierung von Laxmi (2010). Ein Problem muss hier beleuchtet werden, das alle Interviewpartner erwähnten. „Die Verantwortlichen müssen darauf achten, wo sie den Cache installieren. Einige Gebiete in der Natur sind sehr sensibel und wenn viele Menschen dorthin gehen, um die Caches zu finden, können sie die Umgebung zerstören [...] ein anderes Hindernis ist, dass die Cacheboxen verloren gehen können" (IVP2). Eine gute Möglichkeit, um dies zu vermeiden, sind Earth Caches, da diese ohne Cacheboxen bearbeitet werden. Dies schont die Umgebung eines Cachestandortes. Der Inhalt der Cacheboxen spielt für die Umweltbildung eine wichtige Rolle. Die Aufgabe in den Caches kann verwendet werden, um gegenwärtige oder zukünftige Probleme aus umweltpädagogischer Sicht zu lösen.

Die Aufgaben in den Caches sollten verschiedene Sinne ansprechen, um so zu einem höheren Lernerfolg zu kommen. Dazu gehört das genaue Hinsehen, das Fühlen, Riechen oder Zuhören. Die Teilnehmer entwickeln Sensibilität gegenüber einem Umweltphänomen, was eine wichtige Rolle spielt bei der Rücksichtnahme auf die Umwelt (Laxmi 2010). „Ein Beispiel ist die sogenannte GPS-Bildungsroute Maisinger Schlucht [die Route liegt in Bayern, östlich vom Starnberger See]. In einem Cache müssen die Teilnehmer genau die Steine im Fluss betrachten. Sie weisen ein ungewöhnliches Erscheinungsbild auf, da sie aus der Eiszeit stammen. Zum Beispiel weisen die Steine schmale weiße Linien auf, die darauf schließen lassen, dass sie unter demselben Druck entstanden sind wie die Alpen. Wegen der wirkenden Kräfte brachen die Steine und wurden mit Mineralien gefüllt" (IVP3). Einige weitere Beispiele können aus der Geocachingroute Wandse-Rallye genannt werden: Der zweite Cache behandelt das Thema Flusserosion. Im dritten Cache analysieren die Jugendlichen die Fließgeschwindigkeit des Flusses und die Tiefe des Wassers. Im fünften Cache untersuchen sie die Wassertemperatur (ECOMOVE 2011). Diese unterschiedlichen Methoden helfen, Fähigkeiten zu entwickeln, um Umweltsitua-tionen zu analysieren und zu verstehen. Zur selben Zeit lernen die Teilnehmer, zu kooperieren und in Gruppen Aufgaben zu erledigen. Dies fördert die Kommunikation untereinander (LAXMI 2010). Eine gute Möglichkeit, um die Kooperation von Teilneh-mern zu veran-schaulichen, zeigt die Geocachingroute des Biosphärenreservats Elbe. Nicht eine Person entscheidet, dass ein *point of interest* den interessantesten der Route dar-stellt, die Teilnehmer selber entscheiden dies durch eine Internetab-stimmung. Sie können ihre Meinung zu den Caches auf einer Webseite bekannt geben (SCHUBZ 2011). Dies bildet eine tiefere Form der Teilnahme, dass „die Jugendlichen ein Ar-beitsblatt erhalten, auf dem sie ihre Antworten notieren, und später laden sie ihre Er-gebnisse auf einer bestimmten Internetseite hoch, wo sie sie mit anderen Leuten dis-kutieren können" (IVP2). Dieses Vorgehen verbessert auch die Reflexion ihrer eige-nen Erfahrung in der Natur und fördert das Bewusstsein für Umweltthemen.

5 Diskussion der Ergebnisse

Die Diskussion über Umweltbildung mit Hilfe von GPS-Bildungsrouten zeigte, dass diese Kombination viele Möglichkeiten bietet, Umweltbewusstsein zu fördern. Um die Chancen dieser Methode auszunutzen, sind einige Probleme zu beachten, die sich ergeben können.

5.1 Probleme

Die technischen Probleme, die bei der Benutzung von GPS-Geräten entstehen kön-nen, werden an dieser Stelle nicht erwähnt, weil sie nicht speziell mit dem Thema Geocaching verbunden sind. Ein Nachteil von GPS-Bildungsrouten ist, dass be-stimmte Gegebenheiten in der Natur nur zu einem bestimmten Zeitpunkt erscheinen für einen bestimmten Zeitraum, wie zum Beispiel das Vorhandensein von Blüten-ständen bestimmter Pflanzen. Viele von ihnen blühen saisonal. Diese Aspekte kön-nen in einer fixen GPS-Route nicht berücksichtigt werden; dadurch ist diese Methode sehr statisch. Diese Nachteile stimmen mit den Ausführungen von SCHÄFER (2010) überein. Auch müssen die Teilnehmer darauf achten, dass sie nicht jenseits der vor-gesehen Wege laufen und dabei die Natur zerstören. Diese Ergebnisse stimmen mit den Ausführungen von PATUBO (2010) überein.

5.2 Vorteile

Neben den Problemen existieren auch Vorteile. „Die Menschen können ange-sprochen werden, die von sich aus nicht an Umweltprogrammen teilnehmen würden. Im Gegensatz zu den konventionellen Umweltprogrammen muss man keinem Führer zuhören. Man geht einfach raus und lernt etwas über die Umwelt" (IVP 3). Ein wichtiger Punkt, der für diese Methode spricht, ist die Tatsache, dass Menschen, die von den herkömmlichen Umweltprogrammen nicht angezogen werden, nun Kontakt mit der Natur aufnehmen. „Diese Methode wird insbesondere von Jugendlichen genutzt, die von herkömmlichen Umweltprogrammen nicht angesprochen werden" (IVP 3). Diese Menschen verbringen nun Zeit in der Natur und beschäftigen sich mit ihr. Ohne Naturerfahrungen wüssten die Jugendlichen nicht, was sie eigentlich schützen sollen. Diese Naturerfahrungen sind Grundlage für das Umwelthandeln (BRÄMER 2006; LUDE 2005; ZECHA 2010). Wie die Ausführungen oben zeigten, besteht durchaus die Möglichkeit, möglichst verschiedene Aspekte der Umwelterziehung zu integrieren, wie im theoretischen Teil definiert. Wissen über bestimmte Sachverhalte kann den Jugendlichen mit Hilfe von gut gestalteten Caches durchaus vermittelt werden. Um einen nachhaltigen Lerneffekt zu erzielen, ist es wichtig, dass die Themen auf eine interdisziplinäre Weise mit Hilfe von didaktisch sinnvoll ausgewählten Methoden gestaltet werden. Sie müssen der jeweiligen Situation ange-passt sein und helfen, Umweltprobleme zu identifizieren. Umwelteinstellungen können im Rahmen eines Kurzzeitprogramms selten verändert werden. Generell können Haltungen nur verändert werden, wenn Jugendliche auch einen Bezug zur Umwelt entwickeln. Durch die Gestaltung der Caches kann ein Teil des Zieles erreicht werden. Die beste und wichtigste Methode hinsichtlich der Umwelterziehung ist, wenn Jugendliche ihren eigenen Cache gestalten; dadurch haben diese auch stets einen Bezug zur eigenen Lernwirklichkeit. Eine Weiterentwicklung ist, dass sie die Koordinaten des Caches im Internet hochladen, so dass andere Leute sie nutzen können. In einem Internetforum können die Teilnehmer Ergebnisse diskutieren und einige Ergebnisse aus den Caches und weitere Informationen erhalten.

6 Ausblick

Der Fokus der explorativen Studie war es zu zeigen, wie Geocaching in der Umweltbildung verwendet werden kann. Die Ergebnisse können für weitere Studien genutzt werden. Keine Geocachingroute kann die verschiedenen Aspekte der Umwelterziehung gleichwertig bedienen. Es gilt nun, anhand von exemplarischen Geocachingrouten den Lerneffekt zu überprüfen. Dafür wird ein Prä- und Posttestdesign auf der Grundlage eines Fragebogens benötigt. Umwelterziehung ist ein interaktives Geschehen, das dann Erfolg hat, wenn der Lernende mit der Umwelt interagiert, anstelle nur über sie zu reden und zu hören.

Literaturverzeichnis

AKTION FISCHOTTERSCHUTZ (2011): Die Otter Rallye. Hamburg (unveröff.).

BRÄMER, R. (2006): Natur obskur. Wie Jugendliche heute Natur erfahren. München.

BREITENBACH, R. (2011): Herausforderung Umweltbildung. Bremen.

BURT, L. (2010): GPS and geocaching in education. www.iste.org/images/excerpts/ GCACHE-excerpt.pdf (20.04.2011).

CHRISTIE, A. (2007): Using GPS and geocaching engages, empowers and enlightens middle school teachers and students. http://alicechristie.org/pubs/E6/index.html (19.03.2011).

CORNELL, J. (1991): Mit Cornell die Natur erleben. Oldenburg.

DE HAAN, G., U.A. (1999): Bildung für eine nachhaltige Entwicklung. Gutachten zum Programm. Materialien zur Bildungsplanung und Forschungsförderung 72, Bonn.

DOBYNS, D., U.A. (2008), Educating: capturing the spirit of the hunt for learning. http://www.ngac.org/index.aspx?id=1844.

ECOMOVE INTERNATIONAL (2011A): Roadbook Kreuzkröten-Tour. http://www.abenteu er-wasser.de/fileadmin/ecomove/Roadbook_Boberg.pdf (22.04.2011).

ECOMOVE INTERNATIONAL (2011B): Roadbook Wandse-Rallye, http://www.abenteuer-wasser.de/fileadmin/ecomove/Roadbook_Rahlstedt.pdf (22.04.2011).

FLICK, U., U.A. (1991): Handbuch Qualitative Sozialforschung. Grundlagen, Konzepte, Methoden und Anwendungen. München.

GIESEL, K., U.A. (2002): Umweltbildung in Deutschland, Stand und Trends. Berlin.

GLÄSER, J., U.A. (2006): Experteninterviews und qualitative Inhaltsanalyse als Instru- mente rekonstruierende Untersuchungen. Wiesbaden.

GROUNDSPEAKER TEAM (Hrsg.): The language of location. Seattle. www.groundspeak.com (21.11.2011).

GRÜNDEL, M. (2013): Geocaching. Alles rund um die moderne Schatzsuche. Welver.

HARTL, D., U.A. (2006): GPS und Geocaching als Medium der Umweltbildung. In: JEKEL, T. U.A.: Lernen mit Geoinformationen. Heidelberg. S. 70-78.

IHAMÄKI, P. (2007): Geocaching at the institute of Paasikivi – New ways of teaching GPS technology & basics of orientation in local Geography. – In: ICTA '07, Hem- mamet (Tunisia), S. 155-158.

JOHNSON, J. (2002): In-depth interviewing. – In: GUBRIUM, J., U.A. (HRSG.): Handbook of interview research. Context and method. Thousands Oaks (CA), S. 103-119.

KAHLERT, J. (2005): Umwelterziehung. – In: EINSIEDLER, W., U.A. (HRSG.): Handbuch Grundschulpädagogik und Grundschuldidaktik. Bad Heilbrunn. S. 668-676.

KOLLER, A. (2010): Geocaching – Ein Impuls für den GW-Unterricht?!. – In: GW- Un- terricht 119, S. 1- 10.

LAXMI, S. (2010): Methods of teaching. Environmental science, New Delhi.

LUDE, A. (2005): Naturerfahrung und Umwelthandeln – Neue Ergebnisse aus Unter- suchungen mit Jugendlichen. – In: UNTERBRUNNER, U. (HRSG.): Natur erleben. Neues aus Forschung & Praxis zur Naturerfahrung. Innsbruck, S. 65-84.

125

MEUSER, M., U.A. (2005): Experteninterviews – vielfach erprobt, wenig bedacht. Ein Beitrag zur qualitativen Methodendiskussion. – In: BOGNER, A., U.A. (HRSG.): Das Experteninterview, Theorie, Methode, Anwendung. Wiesbaden, S. 71-95.

MEDIENPÄDAGOGISCHER FORSCHUNGSVERBUND SÜDWEST (2011): Jim Studie 2011, Jugend, Information, (Multi-) Media. www.mpfs.de/fileadmin/JIM-pdf11/ JIM2011.pdf

NAVI NATUR (2010): GPS-Bildungsrouting. Methode zur Partizipation von Schülerinnen in einer Bildung für nachhaltigen Entwicklung (BNE). Lüneburg.

PATUBO, B. (2010): Environmental impacts of human activity associated with geocaching. San Luis Obispo (CA).

RIESS, W., U.A. (2006): Bildung für eine nachhaltige Entwicklung. Aktuelle Forschungsfelder und –ansätze. Wiesbaden.

ROST, J. (2001): Umweltbildung – Bildung für nachhaltige Entwicklung. Was macht den Unterschied? – In: Zeitschrift für internationale Bildungsforschung und Entwicklungspädagogik, Nr. 1/2002, S. 7-13.

SCHÄFER, L. (2010): NaTOUR – Umweltbildung mit GPS. Entwicklung von Inhalten des Edutainment für eine Beispielstrecke zum Naturerleben im Raum Oldenburg. Oldenburg (Bachelorthesis).

SCHLEICHER, Y. (2006): Digitale Medien und E-Learning motivierend einsetzen. – In: HAUBRICH, H. (HRSG.): Geographie unterrichten lernen. München, S. 207-221.

SCHLEICHER, K. (1997): Umweltbildung im Lebenslauf. – In: SCHLEICHER, K. (HRSG.): Umweltbildung im Lebenslauf. Altersspezifisches und generationenübergreifendes Lernen. Umwelt – Bildung – Forschung, Bd. 1. Münster.

SCHNELL, R., U.A. (2008): Methoden der empirischen Sozialforschung. Oldenburg.

TELAAR, D. (2007): Geocaching. Eine kontextuelle Untersuchung der deutschsprachigen Geocaching-Community. Münster (Masterthesis).

TULLY, C. (2004): Neue Lernkonzepte in der Informationsgesellschaft? – In: TULLY, C. (HRSG.): Verändertes Lernen in modernen technisierten Welten. Organisierter und informeller Kompetenzerwerb Jugendlicher. Wiesbaden.

UMWELTBILDUNGSZENTRUM DER HANSESTADT LÜNEBURG (SCHUBZ) (2010): NaviNatur Das Projekt. http://www.navinatur.de/t3/index.php?id=20 (22.01.2011).

UMWELTBILDUNGSZENTRUM DER HANSESTADT LÜNEBURG (SCHUBZ) (2010): Grünes Band, Lüneburg. www.navinatur.de/t3/index.php?id=9. (9.6.2011).

TYSZKOWSKI, S. (2009): Geocaching as a geography education method for natural hazards teaching. – In: SCHMEINCK, D. (HRSG.): Teaching Geography in and for Europe . Geographical issues and innovative approaches. Berlin, S. 171- 179.

UNESCO (1978): Tbilisi Declaration. http://www.cnr.uidaho.edu/css487/The_Tbilisi_ Declaration.pdf (22.12.2011).

ZECHA, S. (2010): Welche Naturerfahrungen machen Gymnasialschüler der 9. Jahrgangsstufe und Gymnasialschüler? Eine empirische Querschnittsstudie in Bayern zum Thema Naturerfahrungen 2007. – In: Geographie und ihre Didaktik, Journal of Geography Education 36, S. 22-40.

PD Dr. Stefanie Zecha
Institut für Geographie
K.-Glöckner-Straße 21 G
35394 Gießen
stefanie.zecha@geogr.uni-giessen.de

Thomas Schiller
Institut für Geographie
K.-Glöckner-Straße 21 G
35394 Gießen
thomas.schiller@geogr.uni-giessen.de

Sascha Haffer, Kerstin Kremer, Sandra Sprenger
Wasserwerte(n) – Nachhaltigkeitsentscheidungen im Museum

Der folgende Beitrag zielt auf ein geplantes Ausstellungskonzept, das im Rahmen des Leitbildes der Bildung für eine nachhaltige Entwicklung die Thematik des virtuellen Wassers aufgreift. Im Mittelpunkt der Betrachtungen stehen dabei die Anforderungen dieses Leitbildes bei dessen didaktischer Umsetzung sowie Chancen und Potenziale, die sich durch die Verknüpfung informeller Lernsituationen mit einer interdisziplinären Einbindung des Faches Geographie bei der Förderung von Bewertungskompetenz ergeben können.

Die Aktualität einer Bildung für nachhaltige Entwicklung (BNE)
Angesichts globaler Umweltprobleme und enormer Entwicklungsunterschiede zwischen armen und reichen Ländern gelten die Grundprinzipien einer nachhaltigen Entwicklung in der öffentlichen Bewertung als weitestgehend etabliert: Fairer Handel, ein schonender Umgang mit Rohstoffen, der Schutz der Biodiversität sowie die Gerechtigkeit zwischen heutigen und zukünftigen Generationen stellen inzwischen gesellschaftliche und politische Aufgaben dar, die mehrheitlich positiv bewertet und als wichtig erachtet werden (KUCKARTZ 2008; REUSCHENBACH, SCHOCKEMÖHLE 2011).
In diesem Zusammenhang spielt die allgegenwärtige mediale Präsenz weltweiter Umwelt- und Naturkatastrophen eine wichtige Rolle bei der Entstehung einer solchen gesellschaftlichen Auffassung und bereits seit Mitte der 1980er Jahre gelten in Deutschland Umweltprobleme als wichtigste politische Themen. Der zunehmende öffentliche Diskurs globaler Umweltthemen ist jedoch auch ein Ergebnis der Konferenz für Umwelt und Entwicklung der Vereinten Nationen in Rio de Janeiro (UNCED) im Jahre 1992. In dem damals verabschiedeten entwicklungs- und umweltpolitischen Aktionsprogramm Agenda 21 kamen 180 Staaten überein, dass nur ein stärkeres Umweltbewusstsein und eine Neubewertung der Konsumgewohnheiten in den hoch entwickelten Industriestaaten die globalen Umweltprobleme lösen können und dass somit der Bildung bei der Bewältigung dieser Aufgabe eine wesentliche Funktion zukomme (KUCKARTZ 2008; SCHRÜFER, SCHOCKEMÖHLE 2012). Infolgedessen hat der Beschluss der Vereinten Nationen, die Jahre 2005-2014 zur Weltdekade der Bildung für eine nachhaltige Entwicklung auszurufen, zu einer weltweiten Ausweitung entsprechender Bildungsinitiativen im schulischen und außerschulischen Bereich beigetragen (UNESCO 2012).
Obschon ein hohes gesellschaftliches Umweltbewusstsein anerkannt wurde, steht dieses oftmals im Kontrast zu gesellschaftlichem Umwelthandeln (KUCKARTZ 2008). An dieser Stelle suchen empirische Sozialforschungen nach den Ursachen für ein Verhalten, das der Einstellung widerspricht. Den Ergebnissen zufolge stehen u. a. persönliche Kosten-Nutzen-Erwägungen, individuelle Lebensstile, Bequemlichkeit, unreflektierte Gewohnheiten oder Egoismen als mögliche Ursachen für nicht umwelt-

gerechtes Verhalten (KUCKARTZ 2008). Liegt hier eine zu zögerliche Umsetzung oder gar unzureichende Förderung des Konzepts der BNE vor, wo genau muss der offensichtliche Optimierungsbedarf ansetzen, welche Bildungsträger, welche Fächer können dieses Leitbild am Nachhaltigsten vermitteln?

BNE – Chancen durch eine Kooperation der Fächer
Bildung für eine nachhaltige Entwicklung (BNE) ist nicht als ein Katalog an Wissen oder Verhaltensregeln zu verstehen. BNE beschreibt vielmehr ein lebenslanges, umfassendes Bildungskonzept, das sich sowohl fachbezogen als auch interdisziplinär darstellt und als Ziel die Entwicklung einer selbstbestimmten Persönlichkeit beschreibt, die befähigt ist, aktiv an der „Gestaltung einer ökologisch verträglichen, wirtschaftlich leistungsfähigen und sozial gerechten Umwelt" (SCHRÜFER, SCHOCKEMÖHLE 2012, S. 117) teilzuhaben (STOLTENBERG 2009). BNE stellt somit eine stetige Anwendung und Weiterentwicklung von Kompetenzen in den Fokus, die es dem Einzelnen ermöglichen, komplexe Problemstellungen zu identifizieren sowie angemessene und universal gerechte Handlungsoptionen abzuleiten. Dazu ist komplementär ein Gestaltungsbewusstsein und eine Gestaltungsbereitschaft zu verantwortlichem individuellen und gemeinschaftlichen Handeln zu entwickeln, um gegenwärtig und zukünftig nachhaltig agieren zu können (SCHOCKEMÖHLE 2009). Als wesentlichstes Ziel der BNE gilt hierbei der Aufbau und das Vertiefen eines Werterahmens (SCHRÜFER, SCHOCKEMÖHLE 2012). Demzufolge wird deutlich, dass BNE keinen zusätzlichen Lerninhalt, sondern vielmehr eine Neuorientierung bereits bestehender Bildungsprozesse darstellt.
Um das Verständnis des komplexen Wirkungs- und Beziehungsgeflechts zwischen Mensch und Mensch, aber auch Mensch und Natur zu vereinfachen, wurden im bildungspolitischen Diskurs bislang verschiedene Modelle der Nachhaltigkeit entwickelt (STOLTENBERG 2009). Die drei benannten Dimensionen Ökonomie, Ökologie und Soziales sind hierbei in allen Modellen vertreten, werden je nach Schwerpunktsetzung in unterschiedlichen Modellen um die Dimension Kultur oder Politik (z.B. hinsichtlich des globalen Lernens) erweitert, wobei die Dimensionen des jeweiligen Modells voneinander abhängig sind und sich wechselseitig beeinflussen. Das von STOLTENBERG (2009) geprägte Nachhaltigkeitsviereck bezieht in eine nachhaltige Entwicklung die Wahrung und Entwicklung der kulturellen Identität mit ein. Das Modell von SCHOCKEMÖHLE (2009) hingegen integriert zusätzlich die räumliche und zeitliche Ebene und betont überdies lokale wie globale Prozesse (REUSCHENBACH, SCHOCKEMÖHLE 2011). Der Dreiklang von Ökonomie, Ökologie und Sozialem impliziert die Notwendigkeit einer mehrperspektivischen Betrachtung der sehr komplexen Zusammenhänge, die zwischen einer auf Konsum ausgerichteten wirtschaftlichen Entwicklung, den durch übermäßige Ressourcennutzung bedingten Umweltbelastungen und den sozialen Folgen der Bevölkerungsentwicklung bestehen. Es ist daher eine der zentralen Forderungen der BNE, Themen der nachhaltigen Entwicklung nicht nur in möglichst vielen Fächern aufzugreifen, sondern gleichermaßen auch das Arbeiten in fachübergreifender Form zu fördern. Dies wird auf höchster Bildungsebene nachdrücklich unter-

stützt, um einen systematischen Kompetenzerwerb zur Lebensbewältigung im Sinne der Nachhaltigkeit zu fördern (DEUTSCHE UNESCO-KOMMISSION (o. J.)).

Die vermittelnde Funktion des Faches Geographie bei der Umsetzung einer Bildung für nachhaltige Entwicklung wird von vielen Vertretern der Geographie explizit hervorgehoben (DGFG 2007; HOPPE, JUNKER 2013; SCHRÜFER, SCHOCKEMÖHLE 2012). Dies lässt sich nicht nur auf der inhaltlichen Ebene der im Unterricht behandelten Themen wie Globalisierung, Fair Trade, Bevölkerungswachstum oder Klimawandel begründen. Durch die Position des Faches als Bindeglied zwischen Natur- und Gesellschaftswissenschaften wird bei der optimalen Wahl der Themen auch die vernetzte Betrachtung ökonomischer, ökologischer, soziokultureller und politischer Aspekte begünstigt. Nicht zuletzt hier ergeben sich zahlreiche Anknüpfungspunkte zu benachbarten Fächern und demzufolge die Chance zu interdisziplinärem Arbeiten – im Übrigen ein selbst erklärtes Anliegen der Geographie (DGFG 2007). Ein wesentlicher Bezugspunkt zur BNE ergibt sich für die Geographie auch durch die Kompetenzbereiche – so findet das Leitbild der Nachhaltigkeit ausdrücklich Erwähnung im Kompetenzbereich Beurteilung/Bewertung. Durch die Förderung des Verständnisses geographisch relevanter Werte und das Wissen um allgemeine ethische Normen sollen Schülerinnen und Schüler befähigt werden, fachlich begründete Werturteile vorzunehmen sowie in komplexen Problem- und Entscheidungssituationen angemessene, im gesellschaftlichen Wertesystem vertretene Handlungsoptionen zu entwickeln und diese miteinander zu vergleichen. Dies soll sie in die Lage versetzen, zukunftsfähige und tragfähige Entscheidungen zu treffen und zu reflektieren. Hierbei hat die Ermittlung unterschiedlicher Interessen von Akteuren, die Fähigkeit zum Perspektivwechsel und die dadurch mögliche kritische Auseinandersetzung mit verschiedenen gesellschaftlichen Positionen, eigenen Werten und deren Erläuterung und Diskussion eine wichtige Funktion (DGFG 2007; GAUSMANN ET AL. 2010; REITSCHERT, HÖßLE 2007). Die durch die Reflexion und das Verständnis der komplexen problematischen Mensch-Umwelt-Beziehungen begünstigte Förderung einer raumbezogenen werteorientierten Handlungskompetenz bezieht zudem das geographische Alleinstellungsmerkmal der räumlichen Orientierung mit ein (DGFG 2007; REUSCHENBACH, SCHOCKEMÖHLE 2011). Nicht zuletzt liegt ein zusätzliches Potenzial des Geographieunterrichts in der Vielfalt der Methoden und Medien begründet, die zu Aktualität und Anschaulichkeit beitragen (DGFG 2007).

Trotz der günstigen Voraussetzungen durch die Kongruenz der Inhalte und der Funktion zwischen dem Fach Geographie und des Konzepts der BNE und trotz der Betonung der Bedeutsamkeit der BNE in den Lehrplänen wird in der schulischen Praxis, der Lehrendenfortbildung, aber auch in der universitären Lehrendenausbildung die Einbindung von BNE nur sehr zögerlich realisiert, obgleich Anregungen für den Unterricht vielfach vorliegen (GROSSCURTH 2011; SCHRÜFER, SCHOCKEMÖHLE 2012). Es stellt sich folglich die Frage, wie die für die BNE erforderliche Vermittlung und Förderung von Kompetenzen begünstigt werden kann, sei es im schulischen, aber auch im außerschulischen Bereich. Hierzu liegen konkrete Umsetzungsbedingungen vor, die von verschiedenen Geographiedidaktikerinnen und -didaktikern übereinstimmend formuliert werden. Die selbstbestimmte Mitwirkung der Lernenden vor allem bei der Wahl der Lernformen (Kooperationsmöglichkeit) wird hier ebenso betont wie die Berücksichtigung altersgemäßer handlungs-, problem- und lösungsorientierter Themen mit Gegenwarts- und Zukunftsbezug. Das Angebot authentischer Lernsituationen, die durch den Einsatz vielfältiger Medien unterstützt werden, soll hierbei eine multiperspektivische Herangehensweise befördern (HOPPE, JUNKER 2013; REUSCHENBACH, SCHOCKEMÖHLE 2011; SCHOCKEMÖHLE 2009).

Virtuelles Wasser – die Problematik
In Deutschland steht das Thema Wasser seit Jahrzehnten im Fokus der öffentlichen Aufmerksamkeit, der medialen Berichterstattung sowie zahlreicher politischer Debatten. War es in der Vergangenheit eher der steigende Preis für die Versorgung mit Trinkwasser, der die öffentliche Diskussion letztlich bereits bei den regelmäßig stattfindenden Preisanpassungen prägte, gab es jüngst vor allem in Sommermonaten in den Print- und Online-Medien Schlagzeilen über eine bevorstehende Wasserknappheit, auch in Zentraleuropa (z. B. ZEIT 2012). Die Grundlage für diese Meldungen waren nicht selten Ergebnisse von Studien, die im Rahmen des im Drei-Jahres-Rhythmus erscheinenden UNESCO-Weltwasserberichts veröffentlicht wurden (zuletzt im Jahr 2012). Demnach ist der Mangel an sauberem Trinkwasser nicht mehr nur ein Problem weniger entwickelter Staaten, sondern betrifft auch in Europa bereits 120 Mio. Menschen (MÖLLER, GARDIZI 2012). Aufgrund seiner klimatischen Disposition scheint Deutschland an dieser Stelle derzeit nicht unmittelbar bedroht. Zudem rühmen sich die Deutschen, im Vergleich der Industriestaaten mit 121 Litern Wasser pro Kopf am Tag als eher sparsam zu gelten (STATISTISCHES BUNDESAMT 2011). Dennoch fällt immer wieder ein Begriff, der für die meisten nur schwer zuzuordnen ist und den Deutschen plötzlich einen verschwenderischen Umgang mit Wasser attestiert: Verschiedenen Modellrechnungen zufolge konsumiert der durchschnittliche Deutsche täglich zwischen 4000-5000 Litern an *virtuellem Wasser*. Laut Definition handelt es sich hierbei um dasjenige Wasser, das bei der Herstellung von landwirtschaftlichen und industriellen Produkten verwendet oder bei einer Dienstleistung aufgewendet wurde (ALLAN 1998). Angesichts der Tatsache, dass aufgrund der internationalen Warenströme ein Großteil der Waren nicht mehr in dem Land konsumiert werden, in dem sie produziert wurden bzw. in dem bei der Produktion Trinkwasser genutzt wurde, erhält die Frage nach der Herkunft unserer Waren eine besondere Relevanz. Etwa 69% unserer virtuellen Wassernutzung erfolgt über importierte Waren, die das im Ursprungsland genutzte Trinkwasser in virtueller Form enthalten. Somit verursacht die Konsumgesellschaft industrialisierter Staaten durch den Import wasserintensiver Güter aus trockeneren Ländern bei diesen Wasserstress, drohende Wasserknappheit oder gar Dürre. Denn auch wenn der direkte Wasserkonsum in den Industrienationen in den vergangenen Jahren gesunken ist, stieg der Konsum wasserintensiver Produkte an (HOEKSTRA, HOEKSTRA 2012; SONNENBERG ET AL. 2009).

Um die weltweiten Warenströme und die damit verbundenen Export- und Import-Saldi virtuellen Wassers besser berechnen zu können, entwickelte HOEKSTRA von der Universität Twente im Jahre 2004 das Konzept des Wasserfußabdrucks. Dieser ermittelt die direkt und indirekt bzw. virtuell genutzte Wassermenge von Ländern, Regionen oder auch Konsumentengruppen, indem vom Inlandsverbrauch an Wasser jene Summe Wasser abgezogen bzw. hinzugerechnet wird, die exportiert bzw. importiert wird. Er unterscheidet hierbei zwischen dem grünen Wasserfußabdruck, der das Niederschlagswasser einbezieht, das bei der Herstellung eines Produktes eingerechnet wird, sowie den blauen Wasserfußabdruck, der die Menge des Oberflächen- bzw. Grundwassers bezeichnet, das in der Produktion verwendet wird. Zuletzt definiert er das eher hypothetische Konzept des grauen Wasserfußabdrucks, der das durch Düngung oder Verschmutzung unbrauchbar gewordene Wasser kennzeichnet sowie die Menge an Wasser, die benötigt würde, um die Schadstoffe soweit zu verdünnen, um das Wasser insgesamt wieder als Trinkwasser verfügbar zu machen (MEKONNEN, HOEKSTRA 2011; STATISTISCHES BUNDESAMT 2012). So veranschaulicht der Vergleich von bestimmten Warengruppen aus verschiedenen Produktionsländern sehr gut den unterschiedlichen Wasserbedarf. Während beispielsweise Weizen in Deutschland praktisch nur mit (grünem) Niederschlagswasser gedeiht (599 Liter pro kg) fällt im semiariden Iran nicht nur ein höherer Bedarf an Regenwasser an (2363 Liter/kg), hier muss zusätzlich (blaues) Bewässerungswasser (968 Liter/kg) aus Stauseen, Flüssen bzw. aus dem Grundwasser aufgewendet werden (MATZKE-HAJEK 2011). Insbesondere Weizen exportierende Staaten wie China und Indien entnehmen Flüssen und Brunnen derart viel Wasser, dass diese teilweise austrocknen (MATZKE-HAJEK 2011). Im Rahmen der internationalen Aktionsdekade *Water for Life 2005-2014* versucht die UNESCO auf diesen Missstand, der im Zuge der Globalisierung um sich greift, aufmerksam zu machen, um für das Problemthema Wasser zu sensibilisieren, da derzeit 768 Mio. Menschen global ohne Zugang zu sauberem Trinkwasser leben (UN 2014).

Potenziale außerschulischen Lernens für eine Bildung für nachhaltige Entwicklung

Aus der Betrachtung der oben skizzierten Aspekte ergibt sich eine komplexe didaktische Problemlage. Innerhalb dieser gilt es, die weithin offensichtliche Diskrepanz zwischen Umweltwissen und Umwelthandeln aufzubrechen. Dies kann nur dann gelingen, wenn wir zunehmend bereit sind, Einschränkungen für unser Leben anzunehmen, Einschränkungen, die nicht in erster Linie einen Verzicht darstellen, der uns in der Qualität unserer Lebensführung einschränkt. Es geht vielmehr darum, die Qualität des Lebens nicht mehr nur in der Realisierung persönlicher Saturierungsmaßnahmen zu begreifen, sondern sich aktiv daran zu beteiligen, das Miteinander in unserem globalen Dorf als ein Gütekriterium zu erleben (GROSSCURTH 2011; KUCKARTZ 2008; WILHELMI 2011). Dem entgegen steht die Gewohnheit des alltäglichen Konsums. Dieser nimmt bisweilen unersättliche Formen an, vor allem bei der Betrachtung nicht wirklich notwendiger, aber durch Werbung und soziale Ansprüche motivierter Anschaffungen. WILHELMI (2011) spricht in diesem Zusammenhang von einer Imageveränderung, die es erstrebenswert mache, umweltverantwortliches Handeln für Jugendliche (und auch Erwachsene) attraktiv zu gestalten. Diese gesellschaftliche Konditionierung aufzubrechen kann nicht allein durch Schulbildung geleistet werden, da dies eher als gesamtgesellschaftlicher Bildungsauftrag verstanden werden sollte, bei dem Wissensvermittlung, Bewusstseinsschaffung und Vermittlung von Bewertungsstrategien einer breiten Öffentlichkeit zugänglich gemacht werden sollten.

Bei der Entscheidung bezüglich einer praktischen Umsetzung dieser komplexen Bildungsaufgabe wird die Notwendigkeit einer vielseitig medialen wie methodischen Auseinandersetzung mit dem Thema offenbar, um durch die integrative Berücksichtigung mehrerer Lerneingangskanäle neben der kognitiven Lerndimension auch die emotional sowie sinnlich erfahrbare Lernebene anzusprechen. Gerade hier unterliegt der schulische Unterricht oftmals Beschränkungen (KERSTING 2000). SCHOCKEMÖHLE (2009) verweist in diesem Zusammenhang auf den Anspruch der BNE, das formale, non-formale wie auch informelle Lernen insbesondere durch das Ermöglichen originaler Begegnungen zu fördern. Hierbei muss der Bezug der Museumsobjekte zum Lebenshorizont und Alltag sowie zu den Werten und zum Gesellschaftssystem des Besuchers klar herstellbar sein (SCHMEER-STURM 1994). An dieser Stelle entsteht die Möglichkeit, Schule zu öffnen und Lernorte zu wählen, die reale, konkrete Lernsituationen bieten und deren didaktische Struktur „sowohl die aktive und konstruierende Rolle der Lernenden hervorheben als auch die Inhalte im Sinne der BNE steuern und somit die Zielsetzung der Kompetenzentwicklung fördern" (SCHOCKEMÖHLE 2009, S. 51f).

Aus der Herausforderung, die beschriebene Problemlage der Thematik virtuelles Wasser als ein Schlüsselthema der nachhaltigen Entwicklung mit den Anforderungen und Zielen der BNE zu verknüpfen, um beides in einem didaktischen Konzept zusammenzuführen, entstand die Idee einer interdisziplinären Ausstellung, die sowohl als außerschulischer Lernort im Rahmen des Schulunterrichts besucht werden kann als auch einem breiten öffentlichen Publikum zur Verfügung steht. Im Rahmen dieser Bildungsmaßnahme steht der Anspruch der Wissensvermittlung nicht im Vordergrund. Es ist vielmehr ein erklärtes Ziel, dem Besucher eine Thematik anzubieten, die eine profunde persönliche Auseinandersetzung initiiert und dadurch zur Persönlichkeitsbildung beitragen kann (FROMM 2010). Die avisierte Vermittlung einer Kriterien geleiteten Bewertungs- und Entscheidungskompetenz beruht demzufolge nicht auf der Verabreichung fertiger Wertungen und Lösungen, wie sie oftmals bei bestehenden Ausstellungskonzepten vorzufinden ist (FROMM 2010), sondern überlässt es der individuellen Persönlichkeit des Besuchers, sich aus dem vielfältigen Angebot der Exponate ein eigenes Urteil zu bilden. Hierbei ist darauf zu achten, dass das Angebot an Materialien nicht beliebig zusammengestellt wird, vielmehr soll dem Besucher durch die direkte Anschauung die Möglichkeit eröffnet werden, mehrere Perspektiven nachzuvollziehen sowie das präsentierte Material in verschiedene Bezugsrahmen einzubetten. Die differenzierte, ganzheitliche Wahrnehmung erleichtert somit das Erschließen von Zusammenhängen und erschwert monokausale Sichtweisen (FROMM 2010; KERSTING 2000). In dem von FALK, DIERKING (2000) entwickelten *Contextual Model of Learning*, das als Theorierahmen dient, um ganzheitliche Lernprozesse im Museum zu erfassen, wird die Theorie des Dialogs zwischen Besucher und seiner (musealen) Umwelt in drei Kontexte gefasst. Der Besucher bringt hierbei seine individuellen Vorkenntnisse, Interessen und Erwartungen mit ins Museum (personaler Kontext) und befindet sich hierbei zumeist im Austausch mit seiner ihn begleitenden Umgebung (Familie bzw. Mitschüler, sozio-kultureller Kontext). Vor allem für Schülerinnen und Schüler beinhaltet der außerschulische Lernort eine besondere Form der Motivation, da die übliche Lernsituation aufgebrochen wird. Der schulexterne Lernort Museum bietet einen noten- und sanktionsfreien Raum, in den die Schülerinnen und Schüler ihr systematisches Kontextwissen mitbringen und durch die Begegnung mit den anschaulichen, originalen Objekten erweitern. Durch die selbst gewählte Reihenfolge der Ausstellungsobjekte und die Wahl der Sozialform tauschen die Schüler ihre Ansichten und Wertungen aus und beobachten gegenseitig ihr Handeln. Diese soziale Umwelt beeinflusst gerade durch diesen Austausch sowohl mit den anderen Besuchern wie auch mit Museumsführern maßgeblich den Lernprozess (FALK, DIERKING 2000; KERSTING 2000; WAGNER 2007). Letztlich prägen aber auch die Art der Präsentation der Exponate und der Einsatz verschiedener Medien im Rahmen der Ausstellung die Wahrnehmung eines jeden Besuchers (gegenständlicher Kontext) (FALK, DIERKING 2000). Das Ergebnis dieses selbstbestimmten, authentischen Lernprozesses besteht folglich in der individuell unterschiedlichen Auseinandersetzung einer Person mit dem Ausstellungsgegenstand. Mithilfe der sich gegenseitig beeinflussenden Wirkung der Kontexte und den Erfahrungen der persönlichen Lebenswirklichkeit konstruiert jeder Museumsbesucher für sich seine eigenen Zusammenhänge, in die er das neu erworbene Wissen einfügt und die er subjektiv für sich und seine jeweilige Lebensrealität bewertet (FALK, DIERKING 2000; FROMM 2010).

Wasserwerte(n) – Geplantes Konzept der Ausstellung und ihrer Zielsetzung

Das Konzept der Ausstellung sieht Stationen vor, die sich im Hinblick auf ihre Zielsetzung drei Bereichen zuordnen lassen. Da die gewählte Wasserthematik vielfältige Möglichkeiten zur fächerverbindenden Zusammenarbeit vor allem mit den benachbarten Naturwissenschaften Biologie, Physik und Chemie bietet, sind die Basisstationen interdisziplinär angelegt und ermöglichen demzufolge unterschiedliche, gleichsam übergreifende, fachliche Perspektiven. Beispielsweise soll der Wasserkreislauf nicht nur informierend als Lebensgrundlage, sondern auch in der Wechselwirkung mit klimatischen Veränderungen und der Bedeutung für globales und regionales Handeln des wirtschaftenden Menschen präsentiert werden. Durch den konkreten geographischen Raumbezug eröffnen sich „einzigartige Möglichkeiten, Mensch-Umwelt-Bezüge fachlich zu entschlüsseln" (WILHELMI 2011, S. 5). Der Einbezug kultureller, politischer und sozialer Themenaspekte trägt zusätzlich dem interdisziplinären Anspruch des Ausstellungskonzeptes Rechnung.

Die Stationen zur Wissensvermittlung sollen das Konzept des Wasserfußabdrucks aufgreifen und stellen auf interaktive Weise im Rahmen von *Hands-On* und *Mind-On* Methoden mathematische Zusammenhänge und Hintergründe dar, die es dem Betrachter ermöglichen, den Wasserverbrauch verschiedener Produkte im Vergleich zu sehen sowie die unterschiedlichen Verbräuche gleicher Produkte aus unterschiedlichen Regionen einzuschätzen. Das Wissen und Bewusstsein um Produkte mit regional und saisonal unterschiedlichen und möglicherweise unverhältnismäßig hohen Verbrauchswerten steht dabei im Fokus. Die abstrakten Mengenangaben zum virtuellen Wasserkonsum werden hier visualisiert und in konkrete Vergleichsmaßstäbe gebracht. An oberster Stelle steht hier das Ziel der Bewusstseinsbildung, dass unsere täglichen Konsumgüter zum Teil sehr hohe Mengen an virtuellem Wasser beanspruchen. Durch die Wahl alters- und zielgruppengemäßer Produkte, wie Lebensmittel, Bekleidung und Unterhaltungselektronik, sollen die Lernenden lebensweltorientiert für die Problematik sensibilisiert werden (ENGELMANN 2011), anschauliche und nachvollziehbare Bezugsgrößen (z.B. Badewannen) sollen den Nachvollzug der Verbrauchswerte erleichtern. Nicht zuletzt soll auch der international unterschiedliche wasserintensive Konsum thematisiert werden, durch den in wasserärmeren, exportabhängigen Ländern Wasserstress entsteht, wie am Beispiel einer Station zum Thema Aralsee (Abb. 1).

Abb. 1:
Wasserstress am Aralsee

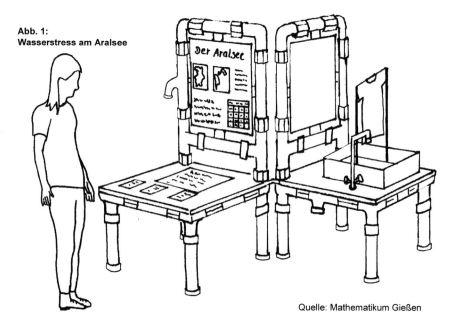

Quelle: Mathematikum Gießen

135

Im Rahmen von Entscheidungssituationen ist es geplant, die Ausstellungsbesucher mit ihrem eigenen Konsumverhalten zu konfrontieren und sie vor fiktive Entscheidungssituationen im Sinne des Leitbilds einer nachhaltigen Entwicklung zu stellen. Die Komplexität des Zusammenwirkens von klimatischen Bedingungen, Wirtschaftsformen, ökonomischen, ökologischen wie auch sozialen Problemen werden demonstriert, verschiedene Handlungsoptionen werden angeboten, eine konkrete Lösungsoption jedoch offen gelassen (FROMM 2010). Der Besucher soll erkennen, dass durch die gezielte Wahl der Herkunft und Menge eines Produktes Einfluss auf den virtuellen Wasserkonsum genommen werden kann. Das Identifizieren der Handlungsoptionen steht hier im Vordergrund, wobei der vollständige Verzicht auf eine Ware nur eine der Möglichkeiten darstellt. Hier liegt der Lerneffekt darin, die Vielzahl der Handlungsalternativen zu erkennen und die eigene Entscheidungsfähigkeit bewusst wahrzunehmen. An dieser Stelle wird die beabsichtigte weitergehende selbstgesteuerte und daher individuelle Reflexion des eigenen Lebensstils des Besuchers in der eigenen Realität angeregt. Beispielhaft sei hier die Station ,Tischlein deck dich – Die Wasserquittung' dargestellt (Abb. 2), bei der die Besucher durch die gezielte Auswahl ihrer Nahrungsmittel und einer bewussten Entscheidung über Herkunft und Menge erkennen, dass sie ständig unmittelbaren Einfluss auf ihren virtuellen Wasserverbrauch haben. Dieser sinkt bei Beachtung der Saisonalität und Regionalität eines Produkts (hier: der Lebensmittel). Ohne grundsätzlichen Verzicht zu üben, werden vielmehr Handlungsalternativen aufgezeigt, die sich hier durch die Auswahl an vergleichbaren Produkten ergeben und dem Besucher seine Entscheidungsfähigkeit bewusst werden lassen.

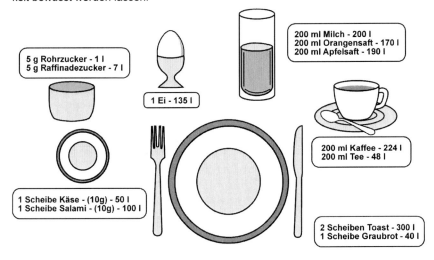

5 g Rohrzucker - 1 l
5 g Raffinadezucker - 7 l

200 ml Milch - 200 l
200 ml Orangensaft - 170 l
200 ml Apfelsaft - 190 l

1 Ei - 135 l

200 ml Kaffee - 224 l
200 ml Tee - 48 l

1 Scheibe Käse - (10g) - 50 l
1 Scheibe Salami - (10g) - 100 l

2 Scheiben Toast - 300 l
1 Scheibe Graubrot - 40 l

Abb. 2: Tischlein deck dich – Die Wasserquittung

136

Ausblick

Die anfängliche Idee zu diesem interdisziplinären Ausstellungsprojekt hat in den letzten Monaten eine zunehmend konkrete konzeptionelle Form angenommen. Nachdem das Gießener Mitmachmuseum Mathematikum und dessen Gründer Professor Albrecht Beutelspacher als Kooperationspartner gewonnen werden konnten und die Finanzierung über Fördermittel der Deutschen Bundesstiftung Umwelt (DBU) gewährleistet ist, wurde inzwischen die Planungs- und Entwicklungsphase der im Beitrag erläuterten Stationen erreicht.

Im Zuge der geplanten Ausstellung, die in Form einer Wanderausstellung auch eine überregionale Reichweite erhalten wird, soll neben dem Bildungsauftrag auch wissenschaftlich relevanten Fragestellungen nachgegangen werden, inwieweit der Einbezug außerschulischer Lernorte ergänzend für die schulische Förderung von Bewertungskompetenz im Sinne der Bildung für eine nachhaltige Entwicklung wirken kann. In diesem Zusammenhang sind empirische Studien vorgesehen, welche die komplementären Wirkungen interaktiver und offener Lern- und Sozialformen in einem interdisziplinären Umfeld außerhalb der Schule untersuchen werden. Hierzu ergänzend wird auch der Frage nachgegangen, inwiefern diese synergetischen Effekte auf den regulären Schulunterricht übertragen werden können.

Auf bildungspolitischer Ebene besteht die Chance, die Bedeutung der Geographie im Fächerkanon insbesondere im interdisziplinären Kontext als Vermittlerfach zwischen Natur- und Gesellschaftswissenschaften und somit als eines der Kernfächer einer Bildung für nachhaltige Entwicklung zu diskutieren und gegebenenfalls neu zu bewerten.

Literatur:

ALLAN, J. A. (1989): Watersheds and problemsheds: Explaining the absence of armed conflict over water in the Middle East. Middle East Review of International Affairs, 2 (1), S. 49-51.

DEUTSCHE UNESCO-KOMMISSION (O. J.): Kultusministerkonferenz und Deutsche UNESCO-Kommission stellen gemeinsame Empfehlung vor. http://www.bne-portal.de/was-ist-bne/bildungsbereiche/schule/hintergrundinformationen-zum-bildungsbereich-schule/kultusministerkonferenz-und-deutsche-unesco-kommission-stellen-gemeinsame-empfehlung-vor/ (15.02.2014)

DGFG - DEUTSCHE GESELLSCHAFT FÜR GEOGRAPHIE (Hrsg.) (2007): Bildungsstandards im Fach Geographie für den Mittleren Schulabschluss. Berlin.

ENGELMANN, D. (2011): Virtuelles Wasser. – In: geographie heute 32, Heft 293, S. 32-37.

FALK, J., DIERKING, L. (2000): Learning from museums: Visitor experiences and the making of meaning. Walnut Creek (CA).

FROMM, M. (2010): Bildung im Museum? – In: GAUS, D., DRIESCHNER, E. (Hrsg.): ‚Bildung' jenseits pädagogischer Theoriebildung? Wiesbaden, S. 361-377.

GAUSMANN, E., EGGERT, S., HASSELHORN, M., WATERMANN, R., BÖGEHOLZ, S. (2010): Wie verarbeiten Schüler/innen Sachinformationen in Problem- und Entscheidungssituationen Nachhaltiger Entwicklung. Ein Beitrag zur Bewertungskompetenz. – In: Zeitschrift für Pädagogik 56, S. 204-215. http://www.pedocs. de/volltexte/2010/3429/pdf/Gausmann_Eggert_Hasselhorn_Watermann_Boegehol z_Projekt_Bewertungskompetenz_D_A.pdf (15.02.2014)

GROSSCURTH, C. H. (2011): Die Kluft zwischen Umweltwissen und Umwelthandeln. – Praxis Geographie 41, Heft 2, S. 28-29.

HOEKSTRA, A. Y., MEKONNEN, M. M. (2012): The water footprint of humanity. http://www.waterfootprint.org (13.01.2014)

HOPPE, W., JUNKER, S. (2013): Zukunft Erde nachhaltig gestalten lernen. – Praxis Geographie 43, Heft 9, S. 4-6.

KERSTING, R. (2000): Museen im Erdkundeunterricht. – In: Geographie heute, 21, 182, S. 2-7.

KUCKARTZ, U. (2008): Umweltbewusstsein und Umweltverhalten. – In: Informationen zur politischen Bildung, 287. http://www.bpb.de/izpb/8971/umweltbewusstsein- und-umweltverhalten?p=all (12.01.2014)

MATZKE-HAJEK, G. (2011): Virtuelles Wasser. Weniger Wasser im Einkaufskorb. Bonn.

MEKONNEN, M. M., HOEKSTRA, A. Y. (2011): National water footprint accounts: the green, blue and grey water footprint of production and consumption. Value of Water Research Report Series No. 50, UNESCO-IHE. Delft (NL).

MÖLLER, L., GARDIZI, F. (2012): Weltwasserbericht 2012. Trends in Europa. http://www.unesco.de/weltwasserbericht4_europa.html (13.01.2014)

REITSCHERT, K., HÖßLE, C. (2007): Die Struktur von Bewertungskompetenz. Ein Beitrag zur Dimensionierung eines Kompetenzmodells im Bereich der Bioethik. – In: Erkenntnisweg der Biologiedidaktik 5, S. 99-114. http://www.bcp.fu-berlin.de/biolo gie/arbeitsgruppen/didaktik/Erkenntnisweg/2006/2006_07_Reitschert.pdf (13.01.2014)

REUSCHENBACH, M., SCHOCKEMÖHLE, J. (2011): Bildung für nachhaltige Entwicklung. Leitbilder für den Geographieunterricht. – In: geographie heute 32, Heft 295, S. 2-10.

SCHOCKEMÖHLE, J. (2009): Außerschulisches regionales Lernen als Bildungsstrategie für eine nachhaltige Entwicklung. Geographiedidaktische Forschungen 44. Weingarten.

SCHRÜFER, G., SCHOCKEMÖHLE, J. (2012): Nachhaltige Entwicklung und Geographieunterricht. – In: HAVERSATH, J.-B. (Hrsg.): Geographiedidaktik. Braunschweig, S. 107-132.

SONNENBERG, A., CHAPAGAIN, A., GEIGER, M., AUGUST, D. (2009): Der Wasserfußabdruck Deutschlands. http://www.waterfootprint.org/Reports/Sonnenberg-et-al-20 09-Wasser-Fussabdruck-Deutschlands.pdf (13.01.2014).

138

STATISTISCHES BUNDESAMT (Hrsg.) (2011): Öffentliche Wasserversorgung in Deutschland von 1991 bis 2010. http://www.wasserfussabdruck.org (13.01.2014).

STATISTISCHES BUNDESAMT (Hrsg.)(2012): Wasserfußabdruck von Ernährungsgütern in Deutschland. http://www.wasserfussabdruck.org (13.01.2014).

STOLTENBERG, U. (2009): Bildung für eine nachhaltige Entwicklung im Elementarbereich. http://www.leuchtpol.de/fortbildungen/mehr-zu-bne/bildungfuereinenachhalti geentwicklungutestoltenberg.pdf (04.10.2013).

SCHMEER-STURM, M.-L. (1994): Museumspädagogik als Teilbereich der allgemeinen Pädagogik unter besonderer Berücksichtigung anthropologischer Aspekte. – In: VIEREGG, H. (Hrsg.): Museumspädagogik in neuer Sicht. Erwachsenenbildung im Museum. Hohengehren, S. 42-48.

UN (2014): International decade for action 'Water for Life' 2005-2015. http://www.un.org/waterforlifedecade/ (15.01.2014).

UNESCO (2012): 17 große Bildungsinitiativen ausgezeichnet. http://www.unesco.de/6957.html (13.02.2014).

WAGNER, E. (2007): Potenziale: Museen und Schule – warum sie füreinander interessant sind. – In: WAGNER, E., DREYKORN, M. (Hrsg.): Museum – Schule – Bildung. München, S. 13f.

WILHELMI, V. (2011): Geographische Umweltbildung weiterdenken. Auf dem Weg zu kompetentem Handeln. – In: Praxis Geographie 41, Heft 2, S. 4-8.

ZEIT (2012): UN prognostizieren Wassermangel in Europa. http://www.zeit.de/wissen/umwelt/2012-03/prognose-europa-wassermangel (14.02.2014).

Sascha Haffer
Institut für Geographie
K.-Glöckner-Straße 21 G
35394 Gießen
sascha.haffer@geogr.uni-giessen.de

Prof. Dr. Kerstin Kremer
Didaktik der Biologie und Chemie
Worringer Weg 1
52074 Aachen
kerstin.kremer@rwth-aachen.de

Prof. Dr. Sandra Sprenger
Abt. Geographie und Geographiedidaktik
Reuteallee 46
71634 Ludwigsburg
sandra.sprenger@ph-ludwigsburg.de

Gießener Geographische Manuskripte

Herausgeber: Die Professoren des Instituts für Geographie der Justus-Liebig-Universität

Band 1:
Alexander Höweling (2010): Geographische Unterrichtsfilme auf DVD im Spiegel des moderaten Konstruktivismus – Untersucht an drei Fallbeispielen zum Thema Megacities.

Band 2:
Samuel Lüdemann, Marten Lößner (2010): Warum werde ich Geographielehrer? – Eine empirische Untersuchung zu den Berufswahlmotiven von Lehramtsstudierenden der Geographie an der Justus-Liebig-Universität Gießen.

Band 3:
Johann-Bernhard Haversath (Red.) (2011): Rumänien und Moldawien. Transformation, Globalisierung, Fragmentierung.

Band 4:
Sandra Schaarschmidt (2011): Wohnsituation der Studierenden. Zufriedenheitsstudie zu den Unterkünften am Beispiel der Universitätsstadt Gießen.

Band 5:
Taissija Slawinski (2012): Gentrification – Tendenzen und Entwicklungen der Aufwertung innerstädtischer Wohnviertel. Das Beispiel Gießen.

Band 6:
Carina Peter, Sybille Höweling (2012): Konstruktivistischer Geographieunterricht in der Praxis. Reconstruction Map und Förderung der Lesekompetenz.

Band 7:
Kerstin Neeb, Ulrike Ohl, Johanna Schockemöhle (Hrsg.) (2013): Hochschullehre in der Geographiedidaktik. Wie kann die Ausbildung zukünftiger Lehrerinnen und Lehrer optimiert werden?